Widerspruch
gegen einen Strafzettel
der privaten
Parkplatzkontrolle

2. Auflage
März 2017

Rechtsanwalt
Thomas Hollweck

Widerspruch gegen einen Strafzettel der privaten Parkplatzkontrolle

Eine Schritt-für-Schritt Anleitung
zum Vorgehen gegen
unberechtigte Forderungen
der privaten Parkplatzkontrolle
und Parkraumüberwachung

Rechtsberatung im Buchformat
Kanzlei Hollweck
- Berlin -

Bibliografische Information der Deutschen Nationalbibliothek:
Die Deutsche Nationalbibliothek verzeichnet diese Publikation in der Deutschen Nationalbibliografie; detaillierte bibliografische Daten sind im Internet über http://dnb.dnb.de abrufbar.

© 2017 Rechtsanwalt Thomas Hollweck
Homepage: www.kanzlei-hollweck.de
2. Auflage März 2017
Erstveröffentlichung im Oktober 2014
Herstellung und Verlag:
BoD - Books on Demand, Norderstedt
ISBN: 978-3-7386-0096-4
Printed in Germany

Inhaltsverzeichnis

1 Vorbemerkungen..........9
   1.1 Die typische Ausgangssituation: Strafzettel nach dem Einkauf..........9
   1.2 Der andere Fall: Inkassomahnung ohne Kenntnis von einem Parkverstoß..........9
   1.3 Wie hilft Ihnen dieser Ratgeber?..........10
   1.4 Wie versende ich meine Schreiben?..........11
   1.5 Warum wird der Parkplatz eines Supermarktes von einem privaten Unternehmen überwacht?..........12
   1.6 Wie rechtfertigt ein Supermarkt die Verpachtung seines Parkplatzes an Fremdfirmen?..........12
   1.7 Wie entsteht zwischen dem Kunden und dem Parkplatzbetreiber ein wirksamer Vertrag?..........13
   1.8 Welches sind die häufigsten Parkverstöße, die bemängelt werden?..........13
   1.9 Was ist eine „Vertragsstrafe"?..........14
   1.10 Wie teuer darf eine Vertragsstrafe sein?..........14
   1.11 Was müsste sich ändern?..........14

2 Widerspruch gegen einen Strafzettel der privaten Parkraumüberwachung..........17
   2.1 Was spricht gegen eine Zahlungspflicht?..........17
      2.1.1 Fehlender „Vertrag" mit dem Parkplatzbetreiber..........17
      2.1.2 Hinweisschild versteckt oder zu unauffällig angebracht..........18
      2.1.3 Nicht jede Einfahrt hat ein Hinweisschild..........18
      2.1.4 Schilder in Mikroschrift..........18
      2.1.5 Überhöhte Zahlungsforderung..........19
      2.1.6 Rechnung falsch bzw. Parkverstoß nicht genau bezeichnet..........19
      2.1.7 Parkzeit nur kurz überschritten..........19
      2.1.8 Parken außerhalb der Markierungen..........20
      2.1.9 Schranken waren geöffnet..........21
      2.1.10 Parkscheinautomat defekt oder unauffindbar..........21
      2.1.11 Es liegt überhaupt kein Parkverstoß vor..........22
      2.1.12 Auf dem Parkplatz wurde nie geparkt oder es wurde nur in der Nähe geparkt..........22
      2.1.13 Kontrolleur sieht Parkscheibe nicht, obwohl sie im PKW liegt..........23
      2.1.14 Parkscheibe vergessen oder falsch eingestellt / Ticket vergessen..........23
      2.1.15 Kontrolleur sieht das falsch einparkende Auto, sagt aber nichts..........24
      2.1.16 Kontrolleur erteilt Korrekturhinweis, und vergibt trotzdem Strafzettel..........25
      2.1.17 Strafzettel, obwohl der Parkplatz fast immer leer ist..........25
      2.1.18 Strafzettel, obwohl der Kunde im Einkaufsmarkt war..........26
      2.1.19 Das Auto wurde nicht selbst gefahren, Rechnung geht an den Halter des Kfz..........27
      2.1.20 Gebühr für Abschleppvorbereitungen oder Abschleppen..........27
      2.1.21 Die Höhe der Strafe steht nur in den AGBs..........29
      2.1.22 Keine Kenntnis davon, dass der Parkplatz kostenpflichtig ist..........29
      2.1.23 Zusätzliche Gebühren neben der Vertragsstrafe (Halterermittlung etc.)..........30
      2.1.24 Anfechtung wegen Täuschung..........30
      2.1.25 Anfechtung wegen Irrtums..........31
   2.2 Musterbrief an die Parkraumüberwachung..........31
   2.3 Was bewirkt dieser Brief?..........32
   2.4 Ein typischer Brief an den Parkraumüberwacher..........33
   2.5 Welche Reaktionen sind nun möglich?..........35

3 Erhalt einer Inkassomahnung nach Widerspruch gegen den Strafzettel..........37
   3.1 Musterbrief an das Inkassobüro..........37
   3.2 Was bewirkt dieser Brief?..........38
   3.3 Weiteres Vorgehen nach Widerspruch gegen die Inkassomahnung..........38

4 Wichtige Hinweise zu Inkassomahnungen..........41
   4.1 Was macht ein Inkassobüro?..........41
   4.2 Erfährt das Inkassobüro von meinem bereits geäußerten Widerspruch?..........41
   4.3 Darf eine widersprochene Forderung an ein Inkassobüro verkauft werden?..........42
   4.4 Darf das Inkassobüro widersprochene Forderungen annehmen?..........42
   4.5 Kann ich dem Inkassobüro eine gütliche Einigung vorschlagen?..........42
   4.6 Sind die Inkassokosten berechtigt?..........43
   4.7 Darf das Inkassobüro einen Gerichtsvollzieher beauftragen?..........44
   4.8 Darf ein Inkassounternehmen einen Schufa-Negativeintrag veranlassen?..........44

5 Erhalt einer Inkassomahnung ohne vorangegangenem Strafzettel ... 45
- 5.1 Wieso liegt kein Strafzettel vor? ... 45
- 5.2 Was spricht gegen die Forderungen des Inkassobüros ... 45
- 5.3 Musterbrief an das Inkassobüro ... 46
- 5.4 Was bewirkt dieser Brief? ... 47
- 5.5 Weiteres Vorgehen nach Widerspruch gegen die Inkassomahnung ... 48

6 Widerspruch gegen die Forderung einer Rechtsanwaltskanzlei ... 51
- 6.1 Musterbrief an die Rechtsanwaltskanzlei ... 51
- 6.2 Weiteres Vorgehen nach Widerspruch gegen die Inkasso-Anwaltskanzlei ... 52

7 Widerspruch gegen einen Mahnbescheid ... 55
- 7.1 Was ist ein gerichtlicher Mahnbescheid? ... 55
- 7.2 Welchem Zweck dient ein Mahnbescheid? ... 55
- 7.3 Warum wird ein Mahnbescheid zweckentfremdet? ... 56
- 7.4 Darf ein Mahnbescheid ergehen, trotz Widerspruch gegen die Forderung? ... 56
- 7.5 Wie lege ich gegen den Mahnbescheid Widerspruch ein? ... 56
- 7.6 Soll ich einen Komplett- oder Teilwiderspruch einlegen? ... 57
- 7.7 Reaktion des Inkassounternehmens nach Widerspruch gegen den Mahnbescheid ... 57

8 Informationen zur Schufa ... 59
- 8.1 Was macht die Schufa? ... 59
- 8.2 Wann kommt es zu einem negativen Schufa-Eintrag? ... 59
- 8.3 Warum droht kein Schufa-Eintrag seitens der Parkraumüberwachung? ... 60
- 8.4 Musterbrief, um einen versehentlichen Schufa-Eintrag löschen zu lassen ... 60

9 Rechtliche Erläuterungen und Hinweise ... 63
- 9.1 Wie lange soll ich meine Unterlagen aufbewahren? ... 63
- 9.2 Wie versende ich einen Forderungswiderspruch korrekt? ... 63
- 9.3 Anfechtung aufgrund eines Irrtums (§119 BGB) ... 67
- 9.4 Anfechtung wegen Täuschung (§123 BGB) ... 68
- 9.5 Mitverschulden der Gegenseite am Schaden (§254 BGB) ... 69
- 9.6 Ungültigkeit von überraschenden Regelungen im Vertrag (§305c BGB) ... 69
- 9.7 Inhaltskontrolle in Geschäftsbedingungen (§307 BGB) ... 70
- 9.8 Einwendungen bei Forderungsverkauf (§404 BGB) ... 70
- 9.10 Gewohnheitsrecht (§242 BGB) ... 70

Vorwort

Der Parkplatz vor einem Supermarkt sollte dazu dienen, dem Kunden ein bequemes Einkaufen zu ermöglichen. So manch einer erlebt jedoch eine böse Überraschung, wenn er nach den Besorgungen zu seinem Auto zurückkehrt und an der Windschutzscheibe den Strafzettel eines privaten Parkraumüberwachers vorfindet. Die Verwunderung ist groß, denn im Regelfall erwartet man nicht, für das Parken vor dem Einkaufszentrum bestraft zu werden.

Leider entschließen sich immer mehr Märkte in Deutschland zu dem Schritt, ihren Parkplatz an ein privates Überwachungsunternehmen zu verpachten. Dieses stellt strenge Parkregelungen auf und ahndet jeden Verstoß mit einer unangemessen hohen Strafzahlung.

Ich betreue derartige Fälle seit langer Zeit und musste feststellen, dass zahlreiche dieser Forderungen unberechtigt sind. In vielen Fällen kommt kein wirksamer Parkvertrag zustande, da die Kunden nur unzureichend auf die private Parkraumkontrolle hingewiesen werden. Schilder an der Einfahrt zum Parkplatz sind zu klein beschriftet oder überhaupt nicht vorhanden. Strafzettel werden verteilt, ohne dass ein Regelverstoß vorliegt. Inkassomahnungen werden verschickt, ohne dass der Supermarkt-Kunde je einen Strafzettel erhalten hat.

Derartige unberechtigte Forderungen der privaten Parkkontrolle müssen Sie nicht hinnehmen. Dieser Ratgeber schildert Ihnen in Form einer Schritt-für-Schritt Anleitung das genaue Vorgehen gegen rechtswidrige Zahlungsaufforderungen seitens der privaten Parkraumüberwachung und deren beauftragten Inkassodienstleister. Dabei gebe ich Ihnen für jeden Schritt einen rechtssicheren Musterbrief an die Hand, den Sie gezielt zur Forderungsabwehr nutzen können.

Dieses Buch stellt somit eine umfassende Rechtsberatung in Buchform dar, die genau auf Ihren Sachverhalt zugeschnitten wurde. Ihnen wird der Reihe nach geschildert, welche Vorgehensweise anzuraten ist. Darüber hinaus bietet Ihnen der Ratgeber zahlreiche rechtliche Erläuterungen. Mein Ziel lag darin, die Rechtsmaterie anschaulich darzustellen, damit auch für den juristischen Laien keine Fragen offen bleiben.

Ich habe das Buch selbst geschrieben, korrigiert, lektoriert und das Layout erstellt. Es ist damit eine vollständige Eigenproduktion der Kanzlei Hollweck. Natürlich habe ich mir die größte Mühe gegeben, um Fehler zu vermeiden. Sollte sich dennoch der eine oder der andere eingeschlichen haben, so bitte ich um Nachsicht.

Haben Sie Verbesserungsvorschläge oder Anregungen zu diesem Ratgeber, so können Sie mir diese gerne mitteilen. Ich freue mich über jeden Hinweis, wie ich meine Schriften noch besser gestalten kann.

Thomas Hollweck
Rechtsanwalt
Berlin im März 2017

1 Vorbemerkungen

1.1 Die typische Ausgangssituation: Strafzettel nach dem Einkauf

Ein Kunde kauft über Jahre hinweg in seinem lokalen Supermarkt ein, zum Parken nutzte er dabei den vor dem Markt liegenden Parkplatz. Dort konnte er regelmäßig kostenlos parken, bestimmte Regelungen wie z.B. die Nutzung einer Parkscheibe waren nicht erforderlich.

Eines Tages parkt der Kunde wieder vor seinem Supermarkt, doch nach der Rückkehr zum Auto traut er seinen Augen nicht: Am Scheibenwischer hängt ein Strafzettel, da angeblich ein Verstoß gegen die geltenden Parkregeln verübt wurde. Der Kunde kann sich das nicht erklären und geht zusammen mit dem Strafzettel in der Hand zurück in den Markt. Dort klärt man ihn auf, dass der Parkplatz seit kurzem verpachtet wird. Das Unternehmen, das den Parkplatz jetzt betreibt, hat bestimmte Parkregelungen aufgestellt. Diese würden an der Einfahrt zum Parkplatz auf einem Schild stehen. Zudem drohe eine Vertragsstrafe, wenn diese Regelungen überschritten würden.

Verwundert geht der Kunde zu Fuß zur Einfahrt und sucht nach dem Schild. Tatsächlich befindet sich dort ein solches, welches darauf hinweist, dass der Parkplatz ab jetzt privat betrieben wird und dass gewisse Parkregeln einzuhalten seien. Bei Missachtung der Regeln liegt ein Parkverstoß vor, und es wird eine Vertragsstrafe zur Zahlung fällig. Leider steht das Hinweisschild an der Einfahrt etwas versteckt, und die Schrift darauf ist sehr klein gehalten. Der Kunde konnte beim Vorbeifahren unmöglich erkennen, dass dieses Schild für ihn gültige Parkregeln aufstellt, und noch weniger konnte er lesen, dass bei einem Bruch der Regeln empfindliche Strafen zu zahlen sind. Der Kunde wundert sich natürlich und fragt sich, ob er nur aufgrund dieses Schildes, das er beim Vorbeifahren kaum lesen konnte, zu einer Zahlung verpflichtet wird.

Die meisten meiner Mandanten sind völlig überrascht, einen Strafzettel für ein vermeintlich falsches Parken vor dem Supermarkt zu erhalten. Sie konnten überhaupt nicht erkennen, dass der Parkplatz plötzlich von einer privaten Überwachungsfirma betreut wird. Meist nutzen sie seit vielen Jahren den Parkplatz, ohne dass je eine Zahlungspflicht bei längerem Parken entstand.

Haben Sie selbst eine solche Zahlungsaufforderung erhalten, so sollten Sie diese nicht einfach so hinnehmen, sondern Widerspruch gegen die Ihnen gegenüber verhängte Vertragsstrafe einlegen. Dieser Ratgeber zeigt Ihnen genau, wie das zu machen ist, und gibt Ihnen die entsprechenden Mustertexte mit an die Hand.

1.2 Der andere Fall: Inkassomahnung ohne Kenntnis von einem Parkverstoß

Erst recht erstaunt sind Kunden, wenn sie keinen Strafzettel erhalten, sondern direkt von einem Inkassobüro angeschrieben werden. Ohne zu ahnen, dass eine Vertragsstrafe wegen Verstoßes gegen Parkplatzregeln verhängt wurde, sehen sie sich mit der Zahlungsaufforderung eines Inkassodienstleisters konfrontiert. Das kommt immer häufiger vor, obwohl die Inkassodienstleister natürlich beteuern, dass jeder Parkplatznutzer zuvor einen Strafzettel an sein Auto geheftet bekommen hätte.

Das Versenden einer Inkassomahnung ohne vorher eine normale Rechnung ausgestellt zu haben ist rechtswidrig. Der vermeintliche Schuldner hat das Recht, zunächst vom Gläubiger direkt eine Zahlungsaufforderung zu erhalten.

Haben Sie eine Mahnung direkt von einem Inkassounternehmen erhalten, oder sogar von einer Inkasso-Rechtsanwaltskanzlei, so müssen Sie das nicht hinnehmen. Meist sind sowohl die Hauptforderungen, als auch die Verzugskosten unberechtigt. Die Hauptforderung, weil aufgrund eines mangelhaft sichtbaren Schildes nur unzureichend auf die Parkregelungen hingewiesen wurde. Die

Inkassokosten, weil der angebliche Falschparker nie eine ordnungsgemäße Zahlungsaufforderung erhalten hat. Dieser Ratgeber schildert Ihnen die genaue Vorgehensweise gegen den Erhalt einer Inkassomahnung ohne vorangegangenen Strafzettel, und stellt Ihnen alle notwendigen Musterschreiben zur Verfügung.

1.3 Wie hilft Ihnen dieser Ratgeber?

Dieses Buch ist speziell dafür konzipiert worden, gegen unberechtigte Forderungen der privaten Parkplatzkontrolle vorzugehen. Im folgenden liste ich Ihnen exemplarisch diejenigen Punkte auf, warum der Ratgeber für Ihre Situation besonders hilfreich sein kann:

Widerspruch gegen unberechtigte Forderungen: Ich kenne die Fälle der privaten Parkraumbewirtschaftung seit vielen Jahren und weiß daher genau, wie gegen die zumeist unberechtigten Forderungen jener Unternehmen vorgegangen werden kann. In diesem Buch finden Sie eine exakte Anleitung mit den entsprechenden Mustertexten und Musterbriefen, um Widerspruch gegen die Zahlungsaufforderungen einlegen zu können. So erfahren Sie, wie gegen den Strafzettel an Ihrem Auto vorgegangen werden kann, und auch, wie Sie gegen eine direkt gegen Sie geltend gemachte Inkassomahnung oder Rechtsanwaltskanzlei-Mahnung angehen.

Rechtlich sichere Vorgehensweise: Das Ziel dieses Ratgebers liegt darin, Ihnen eine rechtssichere Vorgehensweise mit auf den Weg zu geben, so dass Sie nicht dazu genötigt sind, die unberechtigte Forderung bezahlen zu müssen. Schritt für Schritt erkläre ich Ihnen, wie Sie vorgehen müssen, um in rechtlicher Hinsicht auf der sicheren Seite zu stehen. Am Ende können Sie die Zahlung der gegen Sie gerichteten Rechnung für einen angeblichen Parkverstoß abwenden und müssen dabei keine rechtlichen Nachteile befürchten.

Für den rechtlichen Laien verständlich: Ich lege großen Wert darauf, dass Sie diesen Ratgeber gut verstehen können. Daher vermeide ich unverständliche juristische Fachbegriffe und erkläre die Vorgehensweise so, dass Sie diese ohne rechtliche Fachkenntnisse meistern können. Sollten Sie an der Rechtsmaterie etwas näher interessiert sein, so erkläre ich Ihnen am Ende des Buches die wichtigsten in diesem Ratgeber angewandten Paragraphen.

Konkrete Musterbriefe: Zu jedem in diesem Buch beschriebenen Schritt gebe ich Ihnen den entsprechenden Musterbrief mit an die Hand. Diese Musterschreiben sind so formuliert, dass sie alle wichtigen Rechtselemente enthalten, so dass Sie in keinem Fall der Gefahr unterliegen, etwas zu vergessen oder zu übersehen. Zusätzlich haben Sie die Möglichkeit, die Briefe an den dafür vorgesehenen Stellen an Ihre eigene Situation anzupassen. Im Anschluss an jeden Musterbrief finden Sie eine Erläuterung der einzelnen Absätze des Schreibens. Das führt dazu, dass Sie den gesamten Brief verstehen können, und genau wissen, warum etwas geschrieben und was damit bezweckt wird.

Schritt für Schritt Anleitung: Dieser Ratgeber ist in Form einer Anleitung gestaltet, die ihnen Schritt für Schritt erklärt, was Sie tun müssen. Sie können diese „Anleitung" als Buch einfach auf Ihrem Schreibtisch oder als eBook auf Ihrem Tablet liegen lassen und bei Bedarf einsehen. Kommt ein neues Schreiben auf Sie zu, so schauen Sie in den Ratgeber, wie Sie darauf zu reagieren haben. Somit haken Sie die einzelnen Schritte bis zum Ende ab und werden zu keinem Zeitpunkt alleine gelassen. Da ich die hier behandelten Parkplatz-Problematiken seit vielen Jahren beobachte und betreue, kann ich Ihnen mit Hilfe dieses Ratgebers die nacheinander ablaufenden Einzelschritte exakt beschreiben.

1.4 Wie versende ich meine Schreiben?

In diesem Ratgeber gebe ich Ihnen zahlreiche Musterbriefe mit auf den Weg, die Sie an die Gegenseite versenden. Wichtig ist, dass Ihre Schreiben tatsächlich ankommen, und Sie später den Zugang nachweisen können.

Immer dann, wenn eine unberechtigte Forderung erstmalig geltend gemacht wird, und Sie dieser widersprechen möchten, müssen Sie später den Zugang des Widerspruchs nachweisen können. Ist eine Forderung erst einmal widersprochen, so genügt für den weiteren Schriftwechsel eine E-Mail.

Ähnliches gilt, wenn sich eine neue Stelle einschaltet, beispielsweise ein Inkassounternehmen. Auch hier empfiehlt sich der Versand per Einschreiben und Fax, damit Sie den erstmaligen Widerspruch beweisen können. Weiterer Schriftwechsel ist dann problemlos per E-Mail möglich.

Nun stellt sich in den in diesem Buch beschriebenen Fällen die Frage, ob es wirtschaftlich sinnvoll ist, teure Einschreiben mit Rückschein zu verwenden. Meist handelt es sich bei der Vertragsstrafe um Beträge im Bereich von 30 Euro. Kommt noch eine Inkassomahnung hinzu, so erhöht sich der Betrag auf 50 bis 90 Euro. Außerdem verfügen nicht alle Unternehmen der privaten Parkplatzkontrolle über eine reale Adresse. So unglaublich das klingt, aber manche Parkplatzbetreiber geben sowohl auf dem Strafzettel als auch auf ihrer Homepage lediglich eine Postfachadresse an. Andere Parkplatzbetreiber dagegen geben nicht einmal eine Faxnummer an, unter der sie erreichbar sind. Eine Firma ohne Fax? Was das für die Seriosität eines Unternehmens bedeutet, mag jeder für sich selbst beurteilen. Ohne eine tatsächliche Adresse kann aber ein Einschreiben mit Rückschein nicht versandt werden. Es bietet sich dann jedoch das Einwurf-Einschreiben an, wie ich ein paar Zeilen weiter unten noch erläutern werde. Ohne eine Faxnummer können Sie kein Fax mit Sendeberichtsbestätigung versenden.

Es muss also ein Weg gefunden werden, um das Widerspruchsschreiben so an den Parkplatzbetreiber zu versenden, dass dieser den Brief tatsächlich erhält, und Sie später diesen Zugang auch nachweisen können. Es bietet sich daher an, einen Versand auf mehreren Wegen per E-Mail und Fax zu wählen, und erst am Ende das kostenintensive Einschreiben mit Rückschein zu verwenden. Ist lediglich eine Postfachadresse vorhanden, so wählen Sie das Einwurf-Einschreiben. Hat Sie ein Inkassounternehmen angeschrieben, so gestaltet sich der Briefeversand etwas einfacher, da Inkassobüros im Normalfall sowohl über eine Faxnummer, als auch über eine echte Büroadresse verfügen.

Wie soll ich meine Schreiben nun konkret versenden?

Versenden Sie Ihren Widerspruch zunächst per E-Mail, anschließend per Fax. Erhalten Sie keine Rückbestätigung, oder ist das Fax nicht zustellbar, so nutzen Sie als dritte Möglichkeit ein Einwurf-Einschreiben:

Erster Schritt - Versand als PDF per E-Mail: Glücklicherweise geben die meisten Unternehmen der privaten Parkplatzkontrolle eine E-Mail-Adresse an. Senden Sie daher Ihr Schreiben als PDF im E-Mail-Anhang an die Gegenseite. Besitzen Sie keinen Scanner, so schreiben Sie den Text direkt in die E-Mail. Erhalten Sie eine E-Mail-Eingangsbestätigung, so bestätigt diese, dass die E-Mail am Ziel angekommen ist. Schicken Sie daher Ihre E-Mail zunächst an den Adressaten und warten ab, ob er die Mail bestätigt. Ist das der Fall, so drucken Sie E-Mail und Bestätigung aus, und verzichten auf weitere Zusendungsmethoden. Erhalten Sie keine Bestätigung, so versenden Sie Ihren Brief per Fax.

Zweiter Schritt - Versand per Fax: Nutzen Sie in einem zweiten Schritt den kostengünstigen Versand per Fax. Ein Fax kann beispielsweise in einem Internetcafe oder in so manchem Kiosk kostengünstig verschickt werden. Alternativ finden sich im Internet zahlreiche Möglichkeiten, ein Fax für wenige Cent oder sogar kostenlos zu versenden. Nutzen Sie hierzu eine Suchmaschine und geben die Stichworte „Faxversand kostenlos" ein. Ihnen werden anschließend einige Internetseiten aufgelistet, die den kostenlosen Faxversand anbieten, zumindest für ein oder zwei Testfaxe. Kostenpflichtige Angebote existieren bereits ab wenigen Cent pro Fax. Achten Sie dabei unbedingt darauf, dass Sie einen Fax-Sendebericht mit der Bestätigung erhalten, dass Ihr Fax versendet wurde, an welchem Datum, und an welche Nummer.

Dritter Schritt – Versand per Einschreiben, wenn die ersten beiden Schritte versagen: Da ein Versand per Einschreiben am teuersten ist, verwenden Sie diesen Schritt nur als letzte Möglichkeit. Das heißt, wenn Sie für Ihre E-Mail keine Eingangsbestätigung erhalten haben, und wenn keine Faxnummer angegeben ist, oder wenn das Fax an die Nummer des Parkplatzbetreibers nicht übermittelt werden konnte. Am sichersten ist das Einschreiben mit Rückschein. Ist lediglich eine Postfachadresse angegeben, so verwenden Sie ein Einwurf-Einschreiben.

Wichtige Hinweise zum Versand: Bitte lesen Sie die Ausführungen zu den einzelnen Versandmethoden weiter hinten unter Kapitel 9.2 in diesem Ratgeber. Dort erläutere ich Ihnen ausführlich die einzelnen Vor- und Nachteile der jeweiligen Versandmethoden, und wie Sie diese zu Ihren Gunsten nutzen können.

1.5 Warum wird der Parkplatz eines Supermarktes von einem privaten Unternehmen überwacht?

Der Parkplatz, die Parkgarage oder das Parkhaus eines Supermarktes gehört zu dessen Eigentum, falls er die Immobilie nicht selbst lediglich angemietet hat. Es handelt sich nicht um öffentliches Straßenland, sondern um privaten Grundbesitz. Damit darf der Eigentümer innerhalb der gesetzlich zulässigen Grenzen machen, was er möchte. Er kann seinen Kunden den Parkplatz kostenlos zur Verfügung stellen, hat aber auch die Möglichkeit, hierfür Parkgebühren zu verlangen. Er kann selbst festlegen, wie lange und zu welchen Gebühren ein Kunde auf dem Parkplatz parken darf.

Er hat aber auch – und jetzt kommen die Unternehmen der privaten Parkplatzkontrolle ins Spiel – die Möglichkeit, den gesamten Parkplatz zu verpachten. Das Unternehmen, das den Platz oder das Parkhaus pachtet, darf ab dem Moment der Pachtübernahme den Parkplatz zur eigenen Gewinnerzielung nutzen. Im Rahmen des Pachtvertrags darf die Parkplatzfirma anschließend Regeln für die Nutzung aufstellen, und für einen Regelverstoß (Parkverstoß) Rechnungen stellen.

Es ist daher grundsätzlich erlaubt, einen Supermarkt-Parkplatz zu verpachten und einer anderen Firma zu gestatten, den Parkplatz zu überwachen und bei Regelverstößen Vertragsstrafen zu verlangen. Dabei müssen bestimmte rechtliche Grundsätze beachtet werden. Ist das nicht der Fall, so sind Rechnungen, Mahnungen, Gebühren etc. für die Nutzung des Parkplatzes nicht gestattet.

1.6 Wie rechtfertigt ein Supermarkt die Verpachtung seines Parkplatzes an Fremdfirmen?

Eigentlich sollte ein Supermarkt-Parkplatz immer kostenfrei für die Kunden sein. Schließlich liegt das Ziel der Märkte darin, so viele Kunden wie möglich anzulocken, um hohen Umsatz zu erzielen. Einige Supermärkte und Einkaufszentren, vor allem in zentraler Lage, bemängeln jedoch, dass zu viele Fremdfahrzeuge ihren Parkplatz nutzen. Das bedeutet, zu viele Nicht-Kunden stellen ihr Auto auf dem Supermarkt-Parkplatz ab, um andere Dinge in der Innenstadt zu erledigen. Wird der Parkplatz von Arbeitnehmern genutzt, so blockieren diese Autos teilweise den ganzen Tag lang den Platz. Das führe dazu, dass Kunden des Supermarktes keine freien Parkplätze mehr finden können. Es sei daher notwendig, dass der Parkplatz verpachtet wird, damit ein Überwachungsunternehmen Regeln zur Nutzungszeit aufstellen und Regelverstöße kontrollieren könne. Das würde dazu führen, dass den regulären Kunden des Supermarktes oder des Einkaufszentrums die Parkplätze wieder zur Verfügung stünden. In der Realität verhält es sich leider in vielen Fällen anders, es werden Parkplätze verpachtet, die meist einer nur geringen Nutzung unterliegen. Dort besteht die Vermutung, dass es dem jeweiligen Supermarkt hauptsächlich um die Erzielung von Pachteinnahmen geht.

1.7 Wie entsteht zwischen dem Kunden und dem Parkplatzbetreiber ein wirksamer Vertrag?

Indem der Kunde auf einem Parkplatz parkt, erklärt er sich automatisch mit den dort herrschenden Nutzungsbedingungen einverstanden. Das bedeutet, alleine durch das Parken kann ein Vertrag entstehen.

Hier ist ein wichtiger Umstand unbedingt zu beachten: Normalerweise ist es der Kunde gewohnt, dass ein Parkplatz kostenfrei ist. Er fährt zum Einkaufen und kann vor dem Geschäft kostenlos parken, ohne bestimmte Nutzungsbedingungen anerkennen zu müssen. Da es sich hierbei um die Regel handelt, müssen Ausnahmen besonders deutlich gekennzeichnet werden.

Besteht auf dem jeweiligen Parkplatz ein Vertrag mit einer privaten Parkplatzkontrollfirma, und hat diese ganz spezielle Nutzungsregelungen, so müssen diese sehr(!) deutlich an der Einfahrt des Parkplatzes gekennzeichnet werden. Das heißt, der Kunde muss sofort bei Befahren des Parkplatzes erkennen können, dass hier besondere Nutzungsbedingungen gelten, und dass es bei einem Verstoß gegen diese Bedingungen zu einer Vertragsstrafe kommen kann.

Dabei ist zu beachten, dass der Kunde in aller Regel mit dem Auto auf den Parkplatz fährt, dementsprechend nur wenig Zeit hat, um ein Schild mit Nutzungsbedingungen am Eingang zu lesen. Daher muss das Schild sehr groß und deutlich gestaltet sein. Es reicht nicht aus, dass ein kleines Schild mit kleiner Schrift irgendwo versteckt am Eingang aufgestellt wird, womöglich verborgen hinter einem Busch oder einem Baum. Es muss ein großes deutliches Schild sein, das sofort und zweifelsfrei vom Fahrer erkennbar ist.

Im Idealfall handelt es sich um ein farbiges Schild links und rechts von der Einfahrt in der Breite von mindestens einem Meter und der Höhe von mindestens eineinhalb Metern. Noch besser wäre es meiner rechtlichen Ansicht nach, das Schild über die gesamte Parkplatz-Einfahrt zu platzieren, als eine Art beschrifteter Torbogen. Die einzelnen Buchstaben auf dem Schild sollten dabei mindestens zehn Zentimeter groß sein. Zusätzlich sollte meiner Meinung nach aus Gründen der Kundenfreundlichkeit an jeder einzelnen Parkfläche ein weiteres kleines farbiges Schild auf die Nutzungsbedingungen hinweisen, evtl. auch an der Eingangstür zum Supermarkt.

Nur wenn diese Voraussetzungen gegeben sind, dass das Schild mit den Nutzungsbedingungen sofort und sehr deutlich an der Einfahrt auch für einen fahrenden Autofahrer erkennbar ist, kommt es zu einem Vertrag mit der privaten Kontrollfirma. Ist das nicht der Fall, so wird kein Vertrag über die Regelungen geschlossen. Die von der privaten Parkplatzkontrolle aufgestellten Nutzungsbedingungen gelten dann nicht, weil sie nicht gesehen werden konnten. Ohne Vertrag sind die Parkplatzkontrolleure nicht im Recht, um Vertragsstrafen gegen die Nutzer des Parkplatzes zu verhängen, da eine vertragliche Grundlage fehlt.

1.8 Welches sind die häufigsten Parkverstöße, die bemängelt werden?

Meist bemängeln die privaten Parkplatzkontrolleure, dass entweder die Parkscheibe vergessen wurde, dass das Fahrzeug nicht innerhalb der Markierung parkt, oder dass die Parkzeit überschritten wurde. Ist das der Fall, so bezeichnen sie das als „Parkverstoß" und verhängen eine „Vertragsstrafe" gegen den Kunden.

1.9 Was ist eine „Vertragsstrafe"?

Wie oben beschrieben schließt ein Supermarkt-Kunde, der auf dem Parkplatz, in der Parkgarage oder im Parkhaus des Supermarktes parkt, einen Vertrag mit der Überwachungsfirma. Handelt der Kunde gegen die Regeln des Vertrags, indem er die Parkscheibe nicht in sein Auto legt, oder die vorgeschriebene Parkzeit überschreitet, begeht er einen Vertragsverstoß, der durch eine Vertragsstrafe geahndet werden darf. Das gilt aber nur dann, wenn diese Vertragsstrafe zuvor in den Nutzungsbedingungen des Parkplatzes beschrieben wurde, und diese Hinweise groß und deutlich sofort lesbar sind.

1.10 Wie teuer darf eine Vertragsstrafe sein?

Hat der Parkplatzbetreiber das Recht, eine Vertragsstrafe zu verlangen (kam also ein Parkvertrag mit einem ordnungsgemäßen großen und deutlichen Schild zustande), so muss diese mit einer angemessenen Höhe festgesetzt werden. Es gilt, dass die Strafe nicht überzogen hoch sein darf. Als Orientierung dienen die städtischen Gebühren, welche für einen Parkverstoß verlangt werden. Muss ein Parkender in der jeweiligen Stadt beispielsweise fünf bis zehn Euro für einen Strafzettel bezahlen, so darf die Gebühr, die ein privater Parkplatzbetreiber verlangt, nicht mehr als maximal das doppelte der städtischen Gebühr betragen. Bei fünf bis zehn Euro städtischer Gebühr dürften somit lediglich zehn bis 20 Euro für eine Vertragsstrafe verlangt werden. Die rechtliche Grundlage hierfür findet sich in §307 Absatz 2 Nummer 1 BGB. Viele private Parkplatzkontrollen verlangen 30 Euro oder mehr für einen Parkverstoß. Das ist zu viel, eine so hohe Gebühr für Falschparken müssen Sie nicht entrichten.

1.11 Was müsste sich ändern?

Damit ein privater Parkplatzbetreiber rechtmäßig Vertragsstrafen verhängen kann, sollte so deutlich wie möglich auf die bestehenden Parkregelungen und drohende Vertragsstrafen hingewiesen werden. Ein kleines Schild mit Microschrift an der Einfahrt genügt meiner Meinung nach diesen Voraussetzungen nicht. Wichtig wäre, dass der Parkraumkontrolleur nach Abschluss des Pachtvertrags die Supermarkt-Kunden so deutlich wie möglich darauf hinweist, dass ab sofort neue Regelungen gelten. Zum einen sollte das Schild an der Einfahrt klar gestaltet sein, mit großen Buchstaben, die im kurzen Zeitpunkt des Vorbeifahrens für den Autofahrer sofort erkennbar sind. Idealerweise setzt der Pächter diese Schilder an jede Einfahrt und auf beide Seiten links und rechts. Das jeweilige Schild sollte lediglich wenige Zeilen haben und in diesen auf die wichtigsten Punkte hinweisen. Die Worte „Achtung Parkregeln beachten! Bitte Parkscheibe nutzen! Bei Missachtung Strafzahlung 30 Euro!" in zehn bis 15 cm großen Buchstaben geschrieben wären meines Erachtens ausreichend.

Zusätzlich sollte nach meinem rechtlichen Empfinden direkt an der Eingangstür des Supermarktes ein weiterer hervorgehobener Hinweis auf die Parkregelungen und die eventuellen Strafzahlungen angebracht sein. Beispielsweise könnte dort ebenfalls ein Schild hängen, das in großer Schrift auf die wichtigsten Regelungen hinweist. In etwas kleinerer Schrift könnten dann die gesamten Parkregelungen zu lesen sein.

Fängt ein Unternehmen der privaten Parkplatzkontrolle neu an, einen bislang kostenfreien Parkplatz zu bewirtschaften, so sollte es in den ersten Wochen darauf verzichten, Strafzettel auszustellen, sondern stattdessen jedes parkende Auto mit einem Hinweiszettel versehen, dass ab einem bestimmten Datum neue Regeln geltend. Gleiches könnte an der Supermarkt-Kasse geschehen, der Kunde dort könnte von der Kassiererin einen kleinen Hinweiszettel erhalten, auf dem die neuen Regelungen vorgestellt werden. Unabhängig von der konkreten Ausgestaltung der Informationspflichten kommt es letztendlich nur darauf an, dass jeder Kunde unmissverständlich auf die geltenden Parkregelungen hingewiesen wird.

Kann der Parkplatzbetreiber mit Sicherheit davon ausgehen, dass jeder parkende Kunde Kenntnis von seinen Regelungen erlangt hat, so ist die Verhängung einer Vertragsstrafe, die zudem im Betrag nicht zu hoch angesetzt ist, als rechtlich zulässig zu betrachten.

2 Widerspruch gegen einen Strafzettel der privaten Parkraumüberwachung

2.1 Was spricht gegen eine Zahlungspflicht?

Im folgenden führe ich Ihnen die einzelnen Argumente auf, die gegen die Zahlungspflicht eines privaten Parkplatzbetreibers sprechen, und stelle Ihnen die hierfür passenden Musterformulierungen vor. Im Abschnitt 2.2 finden Sie dann einen vollständigen Musterbrief, in den Sie die für Ihren konkreten Fall passenden Musterformulierungen einsetzen können. Zudem finden Sie im Abschnitt 2.4 ein vollständiges Musterschreiben, das den typischen Fall eines Widerspruchs darstellt und in den meisten Fällen direkt von Ihnen herangezogen werden kann.

Sie werden sehen, dass zahlreiche rechtliche Argumente und Einwendungen gegen eine Vertragsstrafe existieren (die privaten Parkplatzbetreiber bezeichnen den zu zahlenden Betrag als „Vertragsstrafe", da ein Verstoß gegen den Parkvertrag vorliegt). Das Hauptargument dabei ist, dass Sie das Hinweisschild am Eingang nicht sehen konnten, dass es verdeckt war, dass dessen Schrift zu klein gestaltet ist, oder dass es nicht genügend Hinweise auf eine Vertragsstrafe enthielt. Denn nur wenn Sie ganz deutlich bereits bei der Einfahrt auf den Parkplatz auf die Parkregelungen und die mögliche Strafe hingewiesen werden, kann überhaupt ein Parkvertrag zustande kommen.

2.1.1 Fehlender „Vertrag" mit dem Parkplatzbetreiber

An erster Stelle möchte ich Ihnen das gewichtigste Argument vorstellen, das gegen eine Zahlungspflicht spricht: Das des fehlenden „Parkvertrags". Die Zahlung einer Vertragsstrafe darf von Ihnen immer nur dann verlangt werden, wenn hierfür eine rechtliche oder vertragliche Grundlage besteht. Die Unternehmen der privaten Parkplatzkontrolle gehen davon aus, dass ein Vertrag alleine durch das Befahren des Parkplatzes zustande kommt. Das ist aber nur dann der Fall, wenn Sie bereits beim Befahren des Parkplatzes darauf hingewiesen werden, dass ein solcher Parkvertrag entsteht. Außerdem muss der Hinweis erfolgen, dass bei Verletzung der Parkregeln eine Vertragsstrafe droht.

Diese Informationen müssen sehr groß und deutlich zu sehen sein. Der Parkraumüberwacher muss bedenken, dass Sie im Auto sitzen und an dem Schild nur vorbeifahren. Das heißt, das Hinweisschild sollte so gestaltet sein, dass dessen Regelungen innerhalb von ein bis zwei Sekunden wahrgenommen und verstanden werden können. Beispielsweise kann ein derartiges Schild die Sätze „Privatparkplatz – Bitte Parkscheibe benutzen! Bei Verstoß 30 Euro Strafzahlung!" enthalten. Diese Worte sollten nach meinem rechtlichen Empfinden in großen Buchstaben, z.B. mit einer Buchstabengröße von 15 Zentimetern, klar erkennbar links und rechts der Einfahrt stehen. Meiner Ansicht nach müssten diese Hinweise dann auf der Parkfläche selbst noch an einigen weiteren Stellen angebracht sein, als auch am Eingang des Supermarktes oder des Einkaufszentrums. An diesen Schildern sollten dann auch die weiteren Regelungen des Parkvertrags stehen.

Dadurch, dass viele Unternehmen der privaten Parkplatzkontrolle diese Hinweise auf zu kleinen Schildern oder in zu kleiner Schrift am Rande der Parkplatzeinfahrt verstecken, kann der einfahrende Kunde die Hinweise nicht lesen. Er hat keine Möglichkeit, zu erkennen, dass er sich auf einem privaten Parkplatz befindet und einen Parkvertrag mit Vertragsstrafenregelungen abgeschlossen hat. In einem solchen Fall kommt in rechtlicher Hinsicht kein wirksamer Vertrag zustande.

Das Hauptargument, das gegen eine Zahlungspflicht spricht, ist daher der fehlende Vertrag mit dem privaten Parkraumüberwacher aufgrund zu kleiner oder zu unauffälliger Schilder. Dieser besitzt aufgrund des unwirksamen Vertragsschlusses keine vertragliche Grundlage, um Ihnen Rechnungen stellen zu können.

Nutzen Sie die folgende Musterformulierung, um einem angeblichen Parkvertrag zu widersprechen:
„*Damit Sie berechtigt sind, von mir die Zahlung einer Vertragsstrafe einzuverlangen, muss zwischen Ihnen und mir ein wirksamer Vertrag zustande gekommen sein. Das ist hier nicht der Fall. Hierzu wäre ein großer und deutlicher Hinweis an der Zufahrt zum Parkplatz notwendig, als auch an den einzelnen Parkplätzen und an der Eingangstür des Marktes. Sind diese Hinweise zu klein gehalten, so finden die Regelungen keinen Eingang in den Parkvertrag. Es obliegt daher Ihnen, einen solchen Nachweis der ordnungsgemäßen Einbeziehungen der Geschäftsbedingungen vorzulegen. Sie müssen nachweisen, dass ich als Kunde bei Befahren des Parkplatzes von Ihren Geschäftsbedingungen erfahren habe.*"

Im Zusammenhang mit dieser Formulierung können Sie die nun folgenden Musterformulierungen ergänzend hinzuziehen, je nach der individuellen Situation auf dem von Ihnen genutzten Parkplatz.

2.1.2 Hinweisschild versteckt oder zu unauffällig angebracht

Oftmals ist das Hinweisschild an einem Platz angebracht, an dem es schwer einsehbar ist, beispielsweise hinter einem Busch oder Baum, um eine Ecke herum oder vom Abstand her zu weit weg von der Einfahrt. Ist das Hinweisschild nicht nur zu klein, sondern überhaupt nicht sichtbar, so kommt in keinem Fall ein Vertrag mit dem Parkplatzbetreiber zustande.

Eine mögliche Musterformulierung könnte dann lauten: „*Ihr derzeit benutztes Schild mit den Hinweisen auf einen privaten Parkplatz und den damit im Zusammenhang stehenden Parkregeln ist für einen Autofahrer nicht erkennbar, da es zu unscheinbar am Rande der Einfahrt steht.* (Hier führen Sie weitere Details über die Lage und Sichtbarkeit des Schildes auf. Sie können Ihrem Brief auch Fotos beifügen, die die Lage des Schildes verdeutlichen.)"

2.1.3 Nicht jede Einfahrt hat ein Hinweisschild

Aus meiner Kanzleipraxis heraus kenne ich zahlreiche Fälle, in denen die Einfahrt zum Parkplatz überhaupt kein Hinweisschild hat. Das kommt beispielsweise dann vor, wenn der Parkplatz vor einem Supermarkt sehr groß ist und mehrere Einfahrten besitzt. Es kam vor, dass die Parkraumbewacher anscheinend einzelne Einfahrten vergaßen. Diese hatten dann kein Schild, andere hatten ein Schild. Fahren Sie auf den Parkplatz, ohne ein Schild zu sehen, so kommt kein Parkvertrag zustande. Der Parkraumbetreiber steht in der Pflicht, an jeder Einfahrt ein deutliches Schild anzubringen.

Musterformulierung: „*Ich habe den Parkplatz über eine Einfahrt befahren, die keinerlei Hinweisschilder aufwies. Möglicherweise haben Sie es vergessen, alle Einfahrten mit einem Schild zu bestücken. In einem solchen Fall kommt zwischen Ihnen und mir kein Parkvertrag zustande, da ich ohne ein Schild keine Möglichkeit habe, von einem solchen Vertrag Kenntnis zu nehmen.*" Sie können Ihrem Brief natürlich Fotos beifügen, die die Einfahrt ohne Schild zeigen.

2.1.4 Schilder in Mikroschrift

Viele Schilder an den Einfahrten zu Parkplätzen weisen eine viel zu kleine Schrift auf. Manchmal finden sich bis zu 50 Zeilen Text auf einem Schild mit einer Buchstabenhöhe von nur einem Zentimeter oder weniger. In einem solchen Fall hat der einfahrende Autofahrer keine Möglichkeit, den Inhalt der Parkregelungen zu lesen.

Der Parkplatzbetreiber darf auch nicht verlangen, dass der Fahrer nach dem Einparken noch einmal zur Einfahrt des Parkplatzes zurück läuft und das Schild liest. Zum einen wäre das zu gefährlich, sich an die Einfahrt eines vielbefahrenen Supermarktparkplatzes zu stellen und dort minutenlang ein Schild zu lesen. Zum anderen widerspricht das jeglicher Lebenserfahrung, denn meistens haben die Einkäufer eher wenig Zeit und hetzen in den Markt, anstatt auf dem Parkplatz herumzustehen und

Schilder zu lesen. Auch hier gilt, dass die wichtigsten Regelungen bereits beim Einfahren auf den Parkplatz sofort lesbar sein müssen.

Musterformulierung: *„Die von Ihnen verwendeten Hinweisschilder an der Einfahrt zum Parkplatz weisen eine viel zu kleine Schriftgröße auf. Es ist nicht möglich, den Inhalt der Regelungen während der kurzen Zeit des Einfahrens auf den Parkplatz zu lesen. Sie können auch nicht damit rechnen, dass die Fahrer nach dem Einparken noch einmal zurück zur Einfahrt laufen und Ihr Schild lesen. Das widerspricht jeglicher Lebenserfahrung und wäre zudem zu gefährlich. Nicht-lesbare Regelungen finden keinen Einzug in den Parkvertrag und sind somit unwirksam. Sie können aus diesen Regelungen keine Rechte gegen mich geltend machen."*

2.1.5 Überhöhte Zahlungsforderung

Derzeit fordern viele Parkplatzbetreiber eine Zahlung von ca. 30 Euro als Vertragsstrafe. Diese Gebühr ist überhöht, da eine solche Zahlungsaufforderung in aller Regel zu sehr von den Strafgebühren der öffentlichen Parkraumüberwachung abweicht. Erhalten Sie im öffentlichen Raum einen Strafzettel, so fällt meist eine Gebühr von fünf bis zehn Euro an, da diese Strafgebühren in den öffentlichen Verordnungen Ihrer Stadt festgeschrieben wurden. Es liegt somit eine gesetzliche Regelung vor, von der der Parkplatzbetreiber in seinen Geschäftsbedingungen abweicht.

§307 Absatz 2 Nr. 1 BGB regelt aber, dass Geschäftsbedingungen nicht zu sehr von der gesetzlichen Regelung abweichen dürfen. Ist eine Gebühr mehr als doppelt so hoch als gesetzlich bestimmt, so ist die Geschäftsbedingung unwirksam.

Musterformulierung: *„Die von Ihnen verlangte Forderung ist mit (Betrag) zu hoch angesetzt. Diese darf maximal das doppelte der üblichen Kosten für einen Parkverstoß im öffentlichen Raum betragen, §307 Absatz 2 Nr. 1 BGB. Da Parkverstöße im öffentlichen Parkraum meist mit fünf bis zehn Euro bestraft werden, dürften Sie eine maximal Vertragsstrafe von zehn bis 20 Euro berechnen. Da Sie einen wesentlich höheren Betrag in Rechnung stellen, ist Ihre Forderung unberechtigt."*

2.1.6 Rechnung falsch bzw. Parkverstoß nicht genau bezeichnet

Aus der Bearbeitung zahlreicher Mandate im Bereich der privaten Parkplatzüberwachung weiß ich, dass die an die Autos gesteckten Strafzettel oftmals zu ungenau sind. Vor allem fehlt es an einer konkreten Benennung des Vergehens. Manchmal wird nur das Wort „Parkverstoß" auf den Strafzettel gedruckt, ohne die konkrete Tat zu bezeichnen. Sie als Kunde wissen dann nicht, was Sie falsch gemacht haben. Ohne die tatsächliche Benennung des Regelverstoßes handelt es sich um eine fehlerhafte Rechnung, da Sie den Grund für Ihre Zahlungspflicht nicht erkennen können. Im rechtlichen Sinn liegt damit eine Rechnung ohne Leistungsbeschreibung vor, eine solche ist als unvollständig anzusehen. Eine Zahlungspflicht ist nicht gegeben.

Musterformulierung: *„Ihr an meinem PKW befindlicher Strafzettel lässt nicht erkennen, aus welchem Grund ich eine Zahlung leisten soll. Sie verwenden lediglich den Begriff „Parkverstoß", ohne mir das konkrete Vergehen zu benennen. Die Zahlungsaufforderung ist daher unvollständig und somit fehlerhaft. Aus einer fehlerhaften Zahlungsaufforderung entsteht jedoch keine Pflicht zur Leistung einer Zahlung, da der Grund für die Zahlung unbekannt bleibt."*

2.1.7 Parkzeit nur kurz überschritten

Oft ist es so, dass der Parkraumkontrolleur den Strafzettel bereits nach nur wenigen Minuten der vorgegebenen Parkzeit an das Auto heftet. Während die Politesse im öffentlichen Dienst einen Strafzettel nicht sofort am PKW befestigt, sondern meist eine kleine Kulanzzeit von zehn bis 20 Minuten einräumt, handeln die Betreiber der privaten Parkplatzkontrolle überaus schnell. Sie als Kunde können aus der Gewohnheit jedoch davon ausgehen, dass nur wenige Minuten der Zeitüberschreitung nicht sofort zu einem Strafzettel führen.

Gesetzlich ist dieser Grundsatz in §242 BGB festgehalten. Demnach sind Verträge – auch ein Parkvertrag – so zu erfüllen, wie Treu und Glauben mit Rücksicht auf die Verkehrssitte es erfordern. Reagiert der Parkplatzbetreiber unverhältnismäßig, indem er Ihnen voreilig eine Vertragsstrafe aufbürdet, verletzt er diesen Grundsatz. Meines Erachtens ist auch auf einem Privatparkplatz eine Kulanzzeit von mindestens zehn Minuten einzuräumen. Da der Kunde davon ausgeht, dass er im Supermarkt willkommen ist, und nicht mit gewinnstrebenden Parkplatzbewachern rechnen muss, sollte die Kulanzzeit meiner Ansicht nach eher bei 15 bis 20 Minuten angesetzt sein.

Musterformulierung: *„Die gegen mich erhobene Forderung ist unwirksam, da Sie gegen den in §242 BGB normierten Grundsatz von Treu und Glauben verstoßen. Ich habe die Parkzeit nur um wenige Minuten überschritten. Im öffentlichen Parkraum ist es üblich, dass bei einer lediglich kurzen Zeitüberschreitung noch kein Strafzettel ausgestellt wird. Es ist nicht ersichtlich, warum bei einem privaten Parkplatz eine abweichende Regelung herrschen sollte. Vielmehr darf ich als Kunde hier mit einer höheren Kulanzzeit als im öffentlichen Parkraum rechnen, da ich davon ausgehe, dass ich als Kunde im Supermarkt willkommen bin, und nicht als Rechtsbrecher verfolgt werde."*

2.1.8 Parken außerhalb der Markierungen

Mir liegen Fälle vor, in denen meine Mandanten einen Strafzettel erhielten, weil sie die auf dem Parkplatz angebrachten Markierungen für die einzelne Parklücke um wenige Zentimeter überschritten. Meist war es aber so, dass die Kunden beim Einparken keine andere Wahl hatten, da schon das daneben parkende Auto schief stand und damit die angrenzende Parklücke verkleinerte. Dementsprechend mussten sie selbst auch etwas über die Begrenzung parken, schlicht, weil sonst zu wenig Platz zum Aussteigen gewesen wäre.

Grundsätzlich dienen die Begrenzungslinien dazu, die parkenden Autos so auf dem Platz zu verteilen, dass möglichst viele dort stehen können. Es ist aber für jeden nachvollziehbar, dass immer mal wieder ein Wagen etwas schief in der Lücke stehen kann. Liegt das ganze noch im Rahmen, d.h., stehen die Räder beispielsweise auf den Markierungen oder nur wenige Zentimeter darüber hinaus, so ist das im Toleranzbereich und stellt keinen Parkverstoß dar. Erst dann, wenn Sie absichtlich so parken, dass auch die Lücke neben Ihnen unbenutzbar ist, kann ein Parkverstoß vorliegen.

Eine Strafzahlung darf in einem solchen Fall aber wiederum nur dann verteilt werden, wenn dies zuvor in den Parkregelungen deutlich lesbar dargestellt wurde. Meist ist das nicht der Fall, da die Hinweisschilder zu klein geschrieben oder zu unauffällig stehen (siehe oben). Der private Parkplatzbetreiber hat dann keine rechtliche Grundlage, um von Ihnen Geld zu verlangen.

Somit gilt: Wenn Sie schief in die Lücke fahren mussten, weil bereits das daneben parkende Auto schief stand, begehen Sie keinen Parkverstoß. Ebenso wenig begehen Sie einen Verstoß, wenn Sie auf der Linie stehen oder nur ein bisschen darüber hinaus.

Ein Parkverstoß liegt tatsächlich nur dann vor, wenn Sie absichtlich so krumm parken, dass die Lücke neben Ihnen ebenfalls belegt ist. Eine Vertragsstrafe müssen Sie aber selbst in diesem Fall nur dann bezahlen, wenn der Parkplatzbetreiber zuvor deutlich darauf hingewiesen hat, dass schiefes Einparken einen bestimmten Geldbetrag kostet.

Musterformulierung, wenn das Nebenauto bereits schief stand: *„Sie fordern von mir die Bezahlung einer Vertragsstrafe, da ich meinen PKW fehlerhaft in die Parklücke gestellt habe. Das bestreite ich, denn bereits der neben mir parkende Wagen stand so schief, dass ich selbst ebenfalls über die Begrenzungslinien parken musste. Ich hatte daher keine andere Möglichkeit, ein Parkverstoß schei-*

det aus. Unabhängig davon können Sie keine Strafzahlung von mir verlangen, da Sie auf Ihre Parkregelungen unzureichend hinweisen."

Musterformulierung, wenn Sie die Linien nur wenig überschritten haben: *„Sie fordern von mir die Bezahlung einer Vertragsstrafe, da ich meinen PKW fehlerhaft in die Parklücke gestellt habe. Das bestreite ich, denn mein Wagen stand nur wenige Zentimeter über die Begrenzungslinien hinaus. Nach dem Grundsatz des § 242 BGB muss ein Parkplatzbetreiber damit rechnen, dass immer mal wieder ein Auto nicht ganz gerade parkt. So etwas kommt vor und bedingt nicht sofort einen Parkverstoß. Unabhängig davon können Sie keine Strafzahlung von mir verlangen, da Sie auf Ihre Parkregelungen unzureichend hinweisen."*

2.1.9 Schranken waren geöffnet

Sicherlich kennen Sie die Situation, dass Sie auf einen eigentlich kostenpflichtigen Parkplatz manchmal kostenfrei einfahren können, weil die Schranken geöffnet sind. Das kommt vor, beispielsweise weil Sie zu einer Zeit parken, zu der nur wenige Kunden kommen. Oder weil das zum Parkplatz gehörende Einkaufszentrum eine Sonderaktion macht und an einem bestimmten Tag kostenfreies Parken anbietet. Manchmal ist schlicht die Anlage kaputt und Sie können daher den Platz ohne Kosten benutzen.

Wird ein Parkplatz durch eine Schranke gesichert, und ist diese geöffnet, so dürfen Sie als Kunde diesen benutzen, ohne zuvor ein Ticket an der Schranke zu ziehen. Es würde keinen Sinn machen, ein Ticket zum Öffen der Schranke an der Schranke anzufordern, wenn diese ohnehin geöffnet ist. Vielmehr dürfen Sie davon ausgehen, dass das Parken momentan kostenlos ist. Sie sind nicht dazu verpflichtet, zunächst umfangreiche Recherchen zu beginnen, ob Sie doch eine Zahlung leisten müssen. Der Einkaufsmarkt kann von Ihnen nicht verlangen, dass Sie selbst auf Erkundungstour gehen und beispielsweise erst im Markt nachfragen, ob das Parken heute kostenlos ist. Das würde jeglicher Lebenserfahrung widersprechen, denn die wenigsten haben so viel Zeit, dass sie eine solche Fragerunde durchführen könnten.

Wäre der Parkplatz trotz geöffneter Schranke kostenpflichtig, so müsste der Parkplatzbetreiber ein deutlich sichtbares Hinweisschild anbringen, dass der Platz trotz geöffneter Schranke kostenpflichtig ist. Ebenso muss auf dem Schild vermerkt sein, wo der Kunde sein Ticket zu lösen hat etc.

Musterformulierung: *„Während der von mir genutzten Parkzeit waren die Schranken des Parkplatzes geöffnet. Ich konnte daher berechtigt davon ausgehen, dass das Parken momentan kostenlos ist. Hätte trotzdem eine Kostenpflichtigkeit bestanden, so hätten Sie hierauf mit einem deutlich sichtbaren Schild hinweisen müssen."*

2.1.10 Parkscheinautomat defekt oder unauffindbar

Ist im öffentlichen Straßenraum der Parkautomat defekt, so sind Sie dazu verpflichtet, zunächst nach einem anderen Ausschau zu halten. Steht keiner in der Nähe, so dürfen Sie zwar parken, sollten aber eine Parkscheibe hinter die Windschutzscheibe legen. Zudem empfiehlt es sich in einem solchen Fall, einen Zettel zu hinterlassen, mit dem Hinweis auf den defekten Automaten.

Ähnliches gilt für einen Parkautomaten auf einem privat betriebenen Parkplatz. Ist der Automat defekt, so schauen Sie, ob es noch einen anderen gibt. Sie sind aber nicht dazu verpflichtet, stundenlang nach einem Zweitgerät zu suchen. Sie können sich dann auf den Platz stellen, sollten aber auch hier eine Parkscheibe und eine kurze Notiz hinterlassen. Verpflichtend ist das jedoch nicht, wenn es nicht explizit am Parkautomaten steht.

Musterformulierung, wenn der Automat defekt war: *„Der auf Ihrem Parkplatz vorhandene Parkscheinautomat war defekt. Einen zweiten konnte ich nirgends finden. Es fand sich auch kein Hinweisschild auf einen möglichen zweiten Ticketautomaten. Bitte bedenken Sie, dass ich nicht dazu verpflichtet bin, einen Parkplatz nach eventuellen weiteren Geräten abzusuchen. Sie als Parkplatzbetreiber müssen dafür Sorge tragen, dass im Falle eines defekten Automaten die Kunden mittels eines Hinweisschildes sofort erkennen können, wo ein weiterer Ticketautomat steht."*

Musterformulierung, wenn der Automat unauffindbar ist: *„Sie machen mir den Vorwurf, dass ich keinen Parkschein an Ihrem Automaten gezogen habe. Der von Ihnen behauptete Automat war jedoch unauffindbar. Verlangen Sie von den Parkplatznutzern den Kauf eines Parkscheins, so sind Sie dazu verpflichtet, deutlich kenntlich zu machen, wo sich dieser befindet. Es ist den Kunden nicht zumutbar, von selbst den gesamten Parkplatz nach einem Ticketautomaten abzusuchen. Erfolgt Ihrerseits kein solcher Hinweis, so entsteht für den Parkplatznutzer keine Zahlungspflicht"*

2.1.11 Es liegt überhaupt kein Parkverstoß vor

Manchmal kommt es vor, dass gegen den Parkenden überhaupt kein Parkverstoß geltend gemacht werden kann, er aber dennoch einen Strafzettel erhält. Der Kunde findet die Vertragsstrafe an sein Auto geheftet, kann aber keinerlei Begründung hierfür finden. Er hat alle Regeln des Parkplatzes exakt und bewusst eingehalten, ein Verstoß ist nicht erkennbar, und dennoch soll er eine Strafzahlung leisten. In einem solchen Fall ist die Zahlungsaufforderung natürlich unberechtigt, denn ohne einen Regelverstoß kann keine Zahlungsaufforderung ausgestellt werden.

Ich vermute, dass das in seltenen Fällen an der Überlastung oder Unaufmerksamkeit der Kontrolleure liegen kann. Es kommt vor, dass diese mehrere Parkplätze auf einmal überwachen müssen, und daher von dem einen zum nächsten eilen. Fehler bleiben dann nicht aus. Alleine schon die Annahme einer falschen Uhrzeit kann dazu führen, dass die Parkzeit als überschritten angesehen wird, obwohl sie das nicht ist.

Musterformulierung: *„Sie gehen davon aus, dass ich einen Regelverstoß gegen die Parkbedingungen begannen habe. Das ist nicht der Fall, ich habe alle Regeln korrekt eingehalten. Ohne einen Regelverstoß sind Sie nicht im Recht, mir eine Vertragsstrafe aufzubürden.* (Im folgenden beschreiben Sie, warum der Ihnen vorgeworfene Parkverstoß überhaupt nicht bestand.)*"*

2.1.12 Auf dem Parkplatz wurde nie geparkt oder es wurde nur in der Nähe geparkt

Ganz kurios sind diejenigen Fälle, in denen Sie plötzlich eine Rechnung für einen Parkverstoß erhalten, obwohl Sie nie auf dem bezeichneten Parkplatz geparkt haben. Meist handelt es sich dabei bereits um eine Inkassomahnung, so dass für Sie Kapitel 5 in diesem Ratgeber Anwendung findet.

Ohne jemals auf dem benannten Parkplatz geparkt zu haben besteht für Sie selbstverständlich keine Zahlungspflicht. Es mangelt schlicht an einer vertraglichen Grundlage, da nie ein Parkvertrag geschlossen wurde.

Manchmal kommt es vor, dass ein Fahrer sein Auto lediglich in der Nähe oder am Rand des Parkplatzes abstellt. Übereifrige Kontrolleure oder neue Kontrolleure, die die genauen Grenzen des Parkplatzes noch nicht kennen, stellen dann vorschnell ein Knöllchen aus. Auch das müssen Sie nicht hinnehmen. Es gilt, dass Sie zwar in der Nähe des Parkplatzes geparkt haben, aber nicht direkt auf ihm. In rechtlicher Hinsicht bedeutet das, dass Sie keinen Parkvertrag mit dem Betreiber geschlossen haben.

Musterformulierung: *„Sie geben vor, dass ich auf dem von Ihnen betriebenen Parkplatz geparkt und dort einen angeblichen Parkverstoß begangen habe. Das ist aber nicht der Fall, ich habe zu der* *von Ihnen angegebenen Zeit nicht auf diesem Platz geparkt. Vermutlich liegt hier eine Verwechslung vor. Bitte beachten Sie, dass ohne Nutzung des Parkplatzes kein Parkvertrag mit Ihnen zustande gekommen ist. Ohne eine vertragliche Grundlage sind Sie nicht dazu berechtigt, Forderungen an mich zu richten.* (Sollten Sie lediglich in der Nähe des Parkplatzes geparkt haben, so beschreiben Sie an dieser Stelle, wo genau sich Ihr Wagen befand, und dass diese Stelle noch nicht zum Parkplatz gehört.)"

2.1.13 Kontrolleur sieht Parkscheibe nicht, obwohl sie im PKW liegt

Immer wieder höre ich von meinen Mandanten, dass sie eine Strafe bezahlen sollen, obwohl sie die Parkscheibe ordnungsgemäß und richtig eingestellt hinter die Windschutzscheibe gelegt hatten. In manchen Fällen hat das seine Ursache darin, dass der Kontrolleur nur auf der Fahrerseite nachschaut, die Parkscheibe aber auf der Beifahrerseite liegt. Es kann auch damit zusammenhängen, dass eine elektronische Parkscheibe verwendet wird, die der Kontrolleur nicht erkennt oder nicht akzeptiert. In rechtlicher Hinsicht muss er das aber.

Haben Sie eine richtig eingestellte Parkscheibe verwendet, so darf kein Strafzettel gegen Sie ergehen. Behauptet der Parkplatzbetreiber, dass keine Scheibe im Auto lag, so muss er dies konkret nachweisen. Sie selbst sind nicht dazu verpflichtet, einen Gegenbeweis zu erbringen, wenn Sie die Parkscheibe ordnungsgemäß benutzt haben.

Wie sollte ein solcher Gegenbeweis auch aussehen? Kein normaler Kunde fertig ein Foto von seinem Auto mit Parkscheibe an, bevor er in den Supermarkt geht. Eine solche Vorstellung des Parkplatzbetreibers ist irreal und rechtlich nicht haltbar. Selbst wenn Sie der Parkplatzbetreiber zu einem solchen Gegenbeweis auffordert, müssen Sie dem nicht nachkommen. Sie können aber Zeugen mit Namen und Anschrift benennen, wenn Sie nicht alleine unterwegs waren. Das ist meist die einfachste Möglichkeit, um den Parkplatzbetreiber mit seiner Forderung zum Verstummen zu bringen.

Musterformulierung: *„Sie behaupten, dass ich in meinem PKW keine Parkscheibe ausgelegt hatte. Das ist falsch, denn tatsächlich lag eine solche aus. Möglicherweise hat Ihr Kontrolleur diese lediglich übersehen. Sie sind dazu verpflichtet, den Nachweis zu erbringen, dass ich die Parkscheibe nicht verwendet habe. Ich selbst bin zu einem solchen Nachweis rechtlich nicht verpflichtet. Als Nachweis, dass ich eine korrekt eingestellte Parkscheibe im PKW liegen hatte, benenne ich den Zeugen (Name, Adresse)."*

2.1.14 Parkscheibe vergessen oder falsch eingestellt / Ticket vergessen

Etwas problematischer sind die Fälle, in denen Sie vergessen haben, eine Parkscheibe (oder ein Parkticket/Parkschein) ins Auto zu legen. Aber nicht unlösbar, keine Sorge.

Oftmals finden sich auf den Parkplätzen große Schilder, die deutlich eine Parkscheibe zeigen und daneben die zulässige Höchstparkdauer. Das bedeutet natürlich, dass Sie eine solche auch in Ihr Auto legen müssen. Vergessen Sie diese, so begehen Sie tatsächlich einen Regelverstoß.

Gleiches gilt für ein Parkticket. Fordern Hinweisschilder zum Kauf eines Tickets auf, so müssen Sie dem nachkommen. Vergessen Sie das Ticket bzw. den Parkschein, so liegt ein Regelverstoß vor.

Ein solcher muss aber nicht zwingend zu einer Zahlungspflicht führen. Denn eine private(!) Vertragsstrafe aus einem Regelverstoß kann nur dann entstehen, wenn auf diese Strafe zuvor ordnungsgemäß hingewiesen wurde. Das heißt, der Fahrer muss beim Befahren des privaten Parkplatzes deutlich darüber informiert worden sein, dass er im Falle eines Regelverstoßes eine Strafe bezahlen muss, und wie hoch diese ist. Da Sie sich auf einem privaten Parkplatz befinden, und nicht im öffentlichen Straßenraum, gelten verschärfte Regeln für diese Hinweispflicht.

An dieser Stelle kommen wir wieder zu den viel zu kleinen Schildern, die an den meisten Einfahrten stehen. Ist die Schrift darauf zu klein zum Lesen, kommt kein Parkvertrag zustande. Und ohne eine vertragliche Grundlage darf niemand Ihnen eine Rechnung ausstellen. Selbst wenn Sie also einmal versehentlich die Parkscheibe vergessen haben, oder diese falsch eingestellt war, müssen Sie keine Zahlung leisten. Sie haben zwar einen Verstoß gegen die geltenden Parkregelungen begangen, müssen deswegen aber dennoch nichts bezahlen.

Denn die konkrete Formulierung, dass Sie eine Vertragsstrafe bezahlen müssen, wenn Sie die Parkscheibe oder das Parkticket vergessen haben, steht mit Sicherheit im Kleingedruckten. Damit war aber genau diese Regelung für Sie nicht sofort beim Einfahren auf den Parkplatz erkennbar, und wird daher nicht Teil des Parkvertrags. Selbst wenn Sie die Parkscheibe oder das Ticket vergessen haben, liegt zwar ein Regelverstoß vor, doch mangels vertraglicher Grundlage sind Sie zu keiner Zahlung an den privaten Parkplatzbetreiber verpflichtet. Das maximale, was er von Ihnen verlangen kann, ist die nachträgliche Bezahlung des Parktickets in Höhe weniger Euros.

Musterformulierung: *„Sie behaupten, dass ich in meinem PKW keine Parkscheibe ausgelegt hatte, obwohl Ihre Regelungen dies erfordern. Vorsorglich bestreite ich, dass dies der Fall ist. Es kommt in rechtlicher Hinsicht darauf aber überhaupt nicht an, da zwischen Ihnen und mir kein Parkvertrag zustande gekommen ist. Ihre Hinweisschilder auf die Zahlung einer Vertragsstrafe sind zu klein, als dass sie von mir in den wenigen Sekunden des Einfahrens auf den Parkplatz hätten gelesen werden können. Ist das aber nicht möglich, so kommt kein Parkvertrag zustande. Insofern besteht keine vertragliche Grundlage, auf deren Basis Sie Forderungen an mich stellen könnten."*

Diese Musterformulierung können Sie auch dann verwenden, wenn Sie vergessen haben, einen Parkschein zu ziehen. Oder wenn Sie zwar eine Parkscheibe verwendet haben, diese aber aus Versehen auf die falsche Uhrzeit eingestellt wurde. Denn auch in diesen Fällen gilt, dass in aller Regel kein wirksamer Parkvertrag zwischen Ihnen und dem privaten Parkplatzbetreiber zustande gekommen ist. Zwar haben Sie dann die Parkscheibe falsch eingestellt oder den Parkschein vergessen, dies führt jedoch zu keiner Zahlungspflicht.

Diese Ausführungen gelten selbstverständlich nur für die Benutzung privater Parkplätze. Auf öffentlichen Straßen und Plätzen gilt die Bußgeldordnung der Stadt, welche für Teilnehmer am öffentlichen Straßenverkehr allgemeingültig ist. Das heißt, es muss, im Gegensatz zu privaten Parkplätzen, nicht erst ein wirksamer Parkvertrag geschlossen werden. Alleine durch den Verstoß entsteht für die Stadt das Recht, von Ihnen ein Bußgeld einzufordern.

2.1.15 Kontrolleur sieht das falsch einparkende Auto, sagt aber nichts

Immer wieder kommt es vor, dass ein Parkender unabsichtlich einen Regelverstoß begeht, dabei aber vom Kontrolleur beobachtet wird. Der Kunde steigt nach dem Parkvorgang aus seinem Wagen aus und geht in den Supermarkt. Der Kontrolleur beobachtet das, sagt aber nichts. Nach dem Einkauf kehrt der Kunde zu seinem Wagen zurück und findet ein Knöllchen an seiner Windschutzscheibe.

Eine solche Vorgehensweise ist rechtlich nicht haltbar und höchst unseriös. Ist Ihnen das geschehen, so können Sie deutlich erkennen, dass es dem Parkplatzbetreiber nur um den Gewinn geht, nicht aber um die Einhaltung der Parkplatzregelungen. Denn selbstverständlich hätte der Kontrolleur Sie darauf hinweisen müssen, dass Sie gerade einen Regelverstoß begehen. Macht er das nicht, so können Sie davon ausgehen, dass Sie alles richtig gemacht haben.

In rechtlicher Hinsicht spricht der Jurist von einer sog. „stillschweigenden Übereinkunft". Denn nach allgemeiner Lebenserfahrung kann man davon ausgehen, dass ein Parkplatzwächter einen Hinweis erteilen würde, wenn er einen Parkverstoß bemerkt. Ohne einen solchen Hinweis darf der Kunde wiederum annehmen, dass er korrekt geparkt hat. Andernfalls liegt seitens des Parkplatzbetreibers ein Verstoß nach Treu und Glauben gem. § 242 BGB vor, so dass keine Zahlung von Ihnen verlangt werden darf.

Außerdem hat sich der Parkplatzbetreiber über seinen Kontrolleur daran mitschuldig gemacht, dass überhaupt eine Strafe entstehen konnte. Hätte der Kontrolleur etwas gesagt, so hätten Sie den Regelverstoß korrigiert, und ein Strafzettel wäre nie entstanden. Auch dieser in § 254 BGB verankerte rechtliche Grundsatz spricht gegen eine Zahlungspflicht.

Musterformulierung: *„Während des Einparkvorgangs wurde ich von einem Ihrer Mitarbeiter beobachtet. Nachdem ich geparkt hatte stieg ich aus und lief in den Supermarkt. Ihr Mitarbeiter schaute mir hinterher, sagte aber nichts. Ich dachte daher, alles richtig gemacht zu haben. Dennoch fand ich nach dem Einkauf einen Strafzettel an meinem Wagen. Ich muss Sie darauf hinweisen, dass dies in rechtlicher Hinsicht nicht möglich ist. Es wäre die Pflicht Ihres Mitarbeiters gewesen, mich auf einen Parkverstoß hinzuweisen. Da das nicht geschehen ist, konnte ich annehmen, dass ich korrekt geparkt hatte. Da Sie dennoch eine Strafzahlung von mir einverlangen, liegt ein Verstoß gegen den Grundsatz von Treu und Glauben gem. § 242 BGB vor, als auch ein Mitverschulden Ihrerseits nach § 254 BGB. Eine Zahlung muss von mir nicht geleistet werden."*

2.1.16 Kontrolleur erteilt Korrekturhinweis, und vergibt trotzdem Strafzettel

Beobachtet Sie ein Kontrolleur beim Einparken und bemerkt, dass Sie einen Regelverstoß begehen, so kann es sein, dass dieser Sie darauf aufmerksam macht. Er sagt Ihnen dann beispielsweise, dass Sie krumm in der Parklücke stehen, die Parkscheibe vergessen haben oder außerhalb des zulässigen Bereichs parken. Aufgrund dieses Hinweises korrigieren Sie Ihre Parkweise und gehen in den Supermarkt. Nach dem Einkauf kommen Sie zurück zum Auto und finden trotzdem einen Strafzettel an der Windschutzscheibe. Diese Fälle sind selten, kommen aber dennoch regelmäßig vor. Der Kontrolleur hat Sie zwar auf den Fehler aufmerksam gemacht, erteilt Ihnen aber dennoch ein Knöllchen, da Sie zunächst regelwidrig geparkt haben.

In rechtlicher Hinsicht ist ein solches Verhalten untragbar. Sie gehen aufgrund des Hinweises berechtigterweise davon aus, nun alles richtig gemacht zu haben. Denn dafür sind Parkplatzwächter mitunter da, den Parkenden auf eventuelle Verstöße aufmerksam zu machen. Erfolgt anschließend eine Korrektur, so liegt keine rechtliche Grundlage mehr für eine Strafzahlung vor. Zudem kann der private Parkplatzbetreiber Ihnen keinen Regelverstoß nachweisen, da Sie diesen von Anfang an korrigiert hatten.

Musterformulierung: *„Sie werfen mir vor, einen Verstoß gegen die von Ihnen aufgestellten Parkregelungen verübt zu haben. Diesem Vorwurf widerspreche ich. Als ich einparkte, machte mich einer Ihrer Mitarbeiter darauf aufmerksam, dass mein Parken gegen die Regeln verstößt. Noch während des Parkvorgangs habe ich diesen Verstoß korrigiert. Somit lag zu dem Zeitpunkt, als ich mein Auto letztendlich verließ und in den Supermarkt ging, kein Verstoß mehr vor. Ohne einen solchen Verstoß haben Sie jedoch keine rechtliche Grundlage, um eine Strafzahlung von mir einzuverlangen."*

2.1.17 Strafzettel, obwohl der Parkplatz fast immer leer ist

Die privaten Parkplatzbetreiber werben damit, dass sie Supermärkten und Einkaufszentren helfen, ihre Parkplätze frei von Fremdparkern zu halten. Das ist vor allem dann wichtig, wenn der Parkplatz von vielen Kunden genutzt wird und somit jede freie Lücke wichtig ist. Der Supermarkt trifft in einem solchen Fall eine Vereinbarung mit dem privaten Parkplatzwächter, dass in Zukunft nur noch die eigenen Kunden auf dem Parkplatz parken dürfen. Andere, die den Parkplatz zwar für ihr Auto nutzen, dann aber ganz woanders hingehen, sollen vermieden werden. Beispielsweise in dichten Innenstädten mit nur wenigen Parkmöglichkeiten kann eine solche Vereinbarung durchaus Sinn machen.

Kurios wird es aber dann, wenn Parkplätze überwacht werden, auf denen fast immer freie Parklücken zu haben oder sogar niemals ganz belegt sind. In einem solchen Fall wäre eine private Parkplatzüberwachung unnötig. Wird dennoch ein solcher Parkplatz überwacht, kann man sofort erkennen, dass es dem Überwachungsunternehmen vermutlich nur darum geht, Geld zu verdienen. Das müssen Sie nicht hinnehmen. Juristen sprechen dann davon, dass der „Schutzzweck der Norm" nicht gegeben ist. Dies bedeutet, dass jedes Gesetz und jede Regelung zu einem bestimmten Zweck erschaffen wurde. Kann dieser Zweck nicht erreicht werden oder ist von Anfang an nicht gegeben, so kann die Regelung keine Anwendung finden. Herrschen auf einem Parkplatz somit private Benutzungsregelungen, die dazu dienen, den Parkplatz für die Kunden frei zu halten, ist der Platz aber ohnehin seit Jahren immer frei, so macht eine solche Regelung keinen Sinn.

Musterformulierung: *„Sie haben mir einen Strafzettel ausgestellt, da ich angeblich einen Parkverstoß auf einem von Ihnen bewirtschafteten Parkplatz begannen habe. Das wird von mir bestritten. Ich muss Sie darauf hinweisen, dass der hier streitgegenständliche Parkplatz keiner Überwachung bedarf, da dieser nahezu immer freie Parklücken aufweist. Ich benutze diesen Parkplatz bereits seit vielen Jahren und kann daher diese konkrete Einschätzung treffen. Ebenso kenne ich viele andere Einkäufer, die den Platz regelmäßig benutzen und das gleiche als Zeugen bestätigen können. Insofern kommt der von Ihnen angestrebte Schutzzweck, das Freihalten des Parkplatzes von Fremdparkern, nicht zur Anwendung. Es besteht sogar der Verdacht, dass es Ihnen nicht um den Schutz des Platzes vor unbefugten Einstellern geht, sondern lediglich um den zu erzielenden Gewinn. Insofern ist bereits die rechtliche Grundlage Ihrer Forderung zweifelhaft, da keine Überwachungsnotwendigkeit besteht."*

2.1.18 Strafzettel, obwohl der Kunde im Einkaufsmarkt war

Eine Parkplatzüberwachung durch private Firmen soll dazu dienen, dass der jeweilige Supermarkt oder das Einkaufszentrum die Parkplätze nur für die eigenen Kunden bereithält. Fremdparker sollen vermieden werden. Parken Sie auf einem Parkplatz, der zu einem Geschäft gehört, und kaufen Sie dort auch ein, so machen Sie alles richtig.

Sind Sie in die Situation gekommen, dass Sie nach Ihrem Einkauf einen Strafzettel an Ihrem Auto vorfinden, so legen Sie Widerspruch gegen das Knöllchen ein und legen Ihren Einkaufsbeleg als Nachweis bei, dass Sie tatsächlich dort eingekauft haben. Meist wird Ihnen die Strafe dann schon aus Kulanz erlassen.

Musterformulierung: *„Sie haben mir einen Strafzettel ausgestellt, obwohl ich Kunde bin. Ich habe während meiner Parkzeit in dem zum Parkplatz gehörenden Supermarkt eingekauft. Als Nachweis lege ich Ihnen eine Kopie meiner Rechnung bei. Sie können darauf deutlich erkennen, dass ich mich zu der von Ihnen angegebenen Tatzeit im Einkaufsmarkt befunden habe. Insofern kommt der von Ihnen angestrebte Schutzzweck, das Freihalten des Parkplatzes von Fremdparkern, nicht zur Anwendung. Sie sind nicht dazu berechtigt, mir eine Strafe auszustellen."*

Eine andere Möglichkeit besteht darin, dass Sie sich direkt an den Supermarkt wenden. Senden Sie diesem den Strafzettel des Parkplatzwächters zu und legen Ihren Einkaufsbeleg bei. Dadurch kann der Supermarkt erkennen, dass Sie tatsächlich sein Kunde waren. Sicherlich liegt dem Supermarkt einiges daran, Sie als Kunde zu behalten und nicht zu verärgern. Ich habe es daher schon oft gehört, dass diese Methode funktioniert und der Supermarkt eine Stornierung des Strafzettels veranlasst hat.

2.1.19 Das Auto wurde nicht selbst gefahren, Rechnung geht an den Halter des Kfz

Werden Sie als Halter des Kfz von einem privaten Parkplatzbetreiber angeschrieben, sind aber nicht selbst gefahren, so sind Sie grundsätzlich dazu verpflichtet, den tatsächlichen Fahrer zu benennen. Also die Person, die den Wagen auf dem Parkplatz geparkt hat. Wissen Sie jedoch nicht mehr, wer das Auto an diesem Tag gefahren hat, so kann der Parkplatzbetreiber Sie selbst als Halter zur Zahlung seiner Forderungen in Anspruch nehmen.

Das klingt zunächst einmal schlecht, ist aber nicht besonders tragisch. Denn Ihnen als Halter stehen selbstverständlich alle hier aufgeführten rechtlichen Einwendungen zu, die gegen die Forderungen des Parkplatzbetreibers sprechen. Ist beispielsweise das Schild zu klein oder zu klein beschriftet, so kommt kein Parkvertrag zustande, weder mit dem Fahrer noch mit Ihnen als Halter. Ist die Strafe zu hoch angesetzt, so gilt das unabhängig davon, ob Sie Fahrer oder Halter sind. War der Ticketautomat defekt, so muss weder der Fahrer noch der Halter für diese Unzulänglichkeit des Parkplatzbetreibers bezahlen. Sie sehen, Sie können alle in Frage kommenden Einwendungen geltend machen und damit die Forderung abwehren.

Musterformulierung: *„Ich selbst bin lediglich der Halter des hier streitgegenständlichen Kfz's. An dem von Ihnen genannten Tag bin ich selbst nicht gefahren. Aufgrund der vergangenen Zeitspanne kann ich nicht herausfinden, wer an diesem Tag gefahren ist, da der Wagen regelmäßig von sehr vielen Familienmitgliedern benutzt wird. Unabhängig davon muss ich Sie darauf aufmerksam machen, dass Ihre Forderung sowohl gegen den Fahrer als auch gegen den Halter unberechtigt ist. Das von Ihnen verwendete Schild an der Einfahrt des Parkplatzes ist zu klein, als dass überhaupt ein wirksamer Parkvertrag entstehen könnte... etc. usw."*

2.1.20 Gebühr für Abschleppvorbereitungen oder Abschleppen

Manche Supermärkte sind derart kundenfeindlich eingestellt, dass sie es dem Parkplatzüberwacher sogar gestatten, ein fehlerhaft parkendes Auto abschleppen zu lassen. Zahlreiche private Überwachungsfirmen freuen sich darüber, denn nun haben sie freie Hand, um dem Kunden völlig überhöhte Gebühren aufzuerlegen.

Das Problem an der Sache ist, dass diese Parkplatzbetreiber viel zu schnell den Abschleppwagen kommen lassen. Immer wieder höre ich Schilderungen meiner Mandanten, dass ihr Wagen bereits nach nur wenigen Minuten Parkzeitüberschreitung abgeschleppt werden sollte. So kommt es manchmal vor, dass der Kunde beispielsweise eine Stunde zum Einkauf Zeit hat, und hierzu die Parkscheibe korrekt einstellt. Leider schafft er es nicht rechtzeitig zum Auto, da er im Supermarkt einen Bekannten getroffen hat und im Gespräch die Zeit vergaß. Er kommt nun zehn Minuten nach Ablauf der Parkzeit an seinen Wagen und sieht bereits einen Kontrolleur dort stehen, der einen Abschleppwagen gerufen hat. Oder, der Wagen ist schon da und die Vorbereitungen laufen.

Kommen Sie in einem solchen Moment an Ihr Auto, so ist es noch nicht zu spät. Sie können den Vorgang unterbrechen und Ihr Wagen wird nicht abgeschleppt. Allerdings drückt Ihnen der Kontrolleur dann eine Rechnung für die Abschleppvorbereitungen in die Hand, die durchaus bis zu 300 Euro oder mehr betragen kann.

Das ist in rechtlicher Hinsicht problematisch, denn Sie haben eigentlich ordnungsgemäß geparkt. Ihr Auto stand auf dem Parkplatz eines Supermarktes und befand sich somit zunächst auf einem regulären für Autos vorgesehenen Bereich. Das heißt, das Auto störte nicht, es behinderte keine Einfahrt und kein Rettungsfahrzeug. Ein Abschleppen ist daher nicht sofort gestattet. Der Parkplatzbetreiber oder die Parkhausfirma muss es hinnehmen, dass Ihr Auto für eine Weile auf dem Parkplatz steht. Insofern darf keinesfalls nach nur wenigen Minuten Parkzeitüberschreitung abgeschleppt werden.

Erst wenn sich zeigen würde, dass Ihr Fahrzeug für mehrere Stunden oder Tage auf dem Parkplatz steht, wenn es eine Zufahrt versperrt oder die Feuerwehr behindern könnte, kann ein Abschleppen rechtmäßig sein.

In solchen Fällen ist immer die „Verhältnismäßigkeit" einer Maßnahme zu beachten. Ein Abschleppen nach nur wenigen Minuten, nur weil die Parkzeit überschritten wurde, wäre unverhältnismäßig. In diesem Sinne sind Sie nicht dazu verpflichtet, Gebühren für eine „Abschleppvorbereitung" zu bezahlen. Solange ein Abschleppen nicht notwendig war und auch keine Vorbereitungen dazu getroffen wurden, sind solche Gebühren unrechtmäßig.

Als Gegenargument gegen die Zahlung der Gebühr kommt dann für Sie die Argumentation mit dem Verhältnismäßigkeitsgrundsatz in Betracht. Sie als Kunde können davon ausgehen, dass nur wenige Minuten der Zeitüberschreitung nicht sofort zu einem Abschleppen führen.

Gesetzlich ist dieser Grundsatz in §242 BGB festgehalten. Demnach sind Verträge – auch ein Parkvertrag – so zu erfüllen, wie „Treu und Glauben mit Rücksicht auf die Verkehrssitte es erfordern". Reagiert der Parkplatzbetreiber unverhältnismäßig, indem er Sie voreilig abschleppen lässt, verletzt er diesen Grundsatz. Gerade weil das Abschleppen eine sehr eingreifende und kostspielige Maßnahme ist, ist meines Erachtens nach eine Kulanzzeit von mindestens einer Stunde einzuräumen. Selbst dann kann das Abschleppen immer noch unverhältnismäßig sein, wenn der Parkplatz beispielsweise sehr leer ist, wenn Ihr Auto ansonsten korrekt geparkt ist, etc.

Musterformulierung: *„Die gegen mich erhobene Forderung ist rechtlich unwirksam, da Sie gegen den in § 242 BGB normierten Grundsatz von Treu und Glauben verstoßen. Ich habe auf einem Parkplatz geparkt, der extra für das Parken von Autos vorgesehen ist. Es handelt sich nicht um den Parkplatz einer Privatperson, sondern eines Einkaufsmarktes, der ausdrücklich wünscht, dass seine Kunden dort parken. Eine Einfahrt wurde nicht blockiert, ebensowenig eine Notarzt- oder Feuerwehrzufahrt. Andere Kunden wurden nicht behindert. In einem solchen Fall gilt, dass ein PKW nicht sofort abgeschleppt werden darf, da keine unmittelbare Gefährdungssituation vorliegt. Zunächst muss der Parkplatzbetreiber mindestens eine Stunde nach Ablauf der auf der Parkscheibe eingestellten Parkzeit abwarten, ob der Fahrer zum Auto zurückkehrt. Ich durfte als Kunde des Supermarktes sogar mit einer besonders hohen Kulanzzeit rechnen, da ich davon ausgegangen bin, dass ich als Kunde im Supermarkt willkommen bin, und nicht als Rechtsbrecher verfolgt werde."*

Kommen Sie zu Ihrem Auto zurück, und wurde es bereits abgeschleppt, so gestaltet sich die Sache erheblich schwieriger. Denn dann besitzt das Abschleppunternehmen Ihr Auto als Pfand und gibt es meist erst dann heraus, wenn Sie die Rechnung bezahlt haben. Eine solche Zahlung sollten Sie dann nur „unter dem Vorbehalt der Rechtmäßigkeit" begleichen. Anschließend kann der Betrag im Rahmen einer gerichtlichen Klage zurückgeholt werden. Dies auszuführen, würde natürlich den Rahmen dieses kleinen Ratgebers sprengen.

Es gibt in manchen Situation aber eine weitere Möglichkeit, um an das abgeschleppte Auto zu gelangen. Manchmal stellen die Abschleppfirmen die Pkw's nicht auf einen eigenen abgesperrten Bereich, sondern nur in die nächste Straße um die Ecke. Mit etwas Glück finden Sie Ihr Auto und können es sofort mitnehmen. Alternativ könnten Sie das Supermarktpersonal befragen. Oft wissen die, wo das Auto stehen könnte, da sie das von anderen Kunden erfahren haben. Manchmal findet sich die Position des Autos auch über Google, da andere Betroffene bereits darüber berichtet haben, und die Abschleppfirma immer wieder zu den selben Punkten in der Stadt hin abschleppt.

Haben Sie Ihr Auto wieder, so können Sie damit zumindest nicht erpresst werden. Sie werden dennoch nach einiger Zeit eine Rechnung für die Abschleppmaßnahme erhalten. Gegen diese legen Sie mit der obigen Musterformulierung Widerspruch ein und verweigern konsequent die Bezahlung.

2.1.21 Die Höhe der Strafe steht nur in den AGBs

Verwendet der Parkplatzbetreiber eine Tafel mit der Auflistung von einzelnen Parkplatzregeln, so handelt es sich dabei in rechtlicher Hinsicht um „Allgemeine Geschäftsbedingungen", kurz „AGBs" oder „das Kleingedruckte". Das Gesetz sieht in §305c BGB vor, dass solche Geschäftsbedingungen keine überraschenden Klauseln enthalten dürfen. Das bedeutet, der Kunde muss nicht damit rechnen, dass in den AGBs etwas völlig unerwartetes steht.

Parken Sie auf einem Supermarkt-Parkplatz, so gehen Sie im Normalfall davon aus, dass dieser kostenlos ist. Sehen Sie nun auf dem Parkplatz Schilder, die z.B. auf eine Nutzungspflicht der Parkscheibe verweisen, so ist das für Sie nachvollziehbar, da manche Supermärkte dadurch die Parkzeit regulieren möchten. Sie gehen aber nicht davon aus, dass Sie selbst bei kurzer Überschreitung der Parkzeit eine Strafe von 30 Euro oder mehr erhalten. Das wäre für Sie überraschend. In dem Moment liegt eine „überraschende Klausel" vor, die Geschäftsbedingung ist damit unwirksam.

Abhelfen kann der private Parkplatzbetreiber nur, indem er die Kosten eines Regelverstoßes bereits deutlich und in großer Schrift benennt. Es handelt sich in rechtlicher Hinsicht dann um den Hauptvertrag, also den eigentlichen Parkvertrag, und nicht mehr um die AGBs.

Musterformulierung: *„Die von Ihnen verhängte Vertragsstrafe wegen eines angeblichen Parkverstoßes ist unberechtigt, da eine vertragliche Grundlage fehlt. Da Sie die Höhe der Strafzahlung lediglich in Ihre Allgemeinen Geschäftsbedingungen drucken, handelt es sich hierbei um eine für den Kunden überraschende Klausel nach §305c BGB. Sie hätten stattdessen die Kosten der Strafe groß und deutlich benennen müssen, und nicht nur im Kleingedruckten."*

2.1.22 Keine Kenntnis davon, dass der Parkplatz kostenpflichtig ist

Im Normalfall fahren Sie auf einen Supermarktparkplatz in der Absicht, diesen für die Dauer Ihres Einkaufs kostenlos nutzen zu können. Sind die Schilder mit den Hinweisen auf einen Parkvertrag versteckt, oder kaum lesbar, so wissen Sie nicht einmal, dass es sich überhaupt um einen Parkplatz mit Vertragsschluss handelt.

Der Parkplatzbetreiber dagegen geht davon aus, dass Sie bei einem Verstoß gegen die Parkbedingungen eine Vertragsstrafe zahlen müssen. Es liegen damit zwei unterschiedliche Ansichten hinsichtlich des Vertragsabschlusses vor.

In juristischer Hinsicht sind für einen wirksamen Vertragsschluss zwei übereinstimmende Willenserklärungen notwendig. Weicht der eine vertragliche Bindungswille von dem des anderen ab, ist ein Vertragsschluss nicht möglich. Juristen sprechen hier von einem „Dissens". Für einen erfolgreichen Vertragsabschluss ist ein „Konsens" nötig, also ein übereinstimmender Wille.

Die unterschiedlichen Ansichten können sich sowohl auf die vertragliche Leistung, als auch auf den vertraglichen Preis beziehen. Es kommt in beiden Fällen kein wirksamer Vertrag zustande. Damit hat das Unternehmen der privaten Parkplatzkontrolle keine vertragliche Grundlage, um Forderungen gegen Sie geltend zu machen.

Musterformulierung: *„Leider wusste ich nicht, dass es sich um einen kostenpflichtigen Parkplatz handelt. Aufgrund Ihrer mangelhaften Beschilderung war das für mich nicht erkennbar. Ich muss Sie darauf aufmerksam machen, dass ich bei Kenntnisnahme dieser Parkbedingungen überhaupt nicht auf dem Parkplatz hätte parken wollen. Ich möchte keine Geschäfte aufsuchen, die ihren Kunden kostenpflichtige Parkplätze zur Verfügung stellen. Vor diesem Hintergrund kommt in derartigen Fällen unter rechtlichen Gesichtspunkten kein wirksamer Vertrag zustande. Ein Vertragsschluss ist nur dann möglich, wenn beide Vertragsparteien übereinstimmende Willenserklärungen in Bezug auf* *den Vertragsinhalt und den Vertragspreis abgegeben haben. Geht eine Vertragspartei davon aus, dass es sich um eine vollständig kostenfreie Parkmöglichkeit handelt, die andere aber von einer Kostenpflicht, entsteht nach deutschem Recht kein Vertrag, es liegt dann ein Dissens vor."*

2.1.23 Zusätzliche Gebühren neben der Vertragsstrafe (Halterermittlung etc.)

Manchmal stellen die Parkplatzbetreiber weitere Gebühren in Rechnung, die zusätzlich zur eigentlichen Vertragsstrafe geltend gemacht werden. Meist handelt es sich dabei um Forderungen, die durch den angeblichen Verzug entstanden sind. Ist jedoch die Hauptforderung schon durch die hier aufgelisteten Einzelpunkte unberechtigt, dann sind es erst recht die Verzugsgebühren.

Zum anderen ist fraglich, ob überhaupt ein Verzug vorliegt. Denn Verzug entsteht nur dann, wenn eine berechtigte Hauptforderung nicht rechtzeitig bezahlt wurde. In den meisten Parkplatzfällen liegt jedoch gar keine berechtigte Hauptforderung vor. Ein Verzug ist dann nicht möglich, denn ohne Hauptforderung können keine Nebenforderungen entstehen.

Häufig setzen die Parkplatzbetreiber beispielsweise eine Gebühr im Bereich von ca. 10 Euro für die „Halterermittlung" an. Wenn Sie jedoch nie einen Strafzettel an Ihrem Auto vorgefunden haben, können Sie nichts von einer Vertragsstrafe wissen. Sie haben somit keine Kenntnis von einer Hauptforderung, also können Sie diese nicht bezahlen. Insofern kann keine Gebühr für die Halterermittlung gegen Sie gerichtet werden, da Sie nicht dafür verantwortlich sind, dass Sie als Halter ermittelt werden mussten.

Ähnliches gilt für alle anderen Zusatzgebühren. Diese müssen Sie nur dann bezahlen, wenn Sie für diese Gebühren verantwortlich sind und wenn Sie sich im Verzug befinden. Meist ist das nicht der Fall.

Selbst wenn Sie an der Entstehung einer Zusatzgebühr Schuld tragen, muss die Gebühr auch tatsächlich entstanden sein. Es genügt also nicht, dass der Parkplatzbetreiber behauptet, diese Kosten seien angefallen. Er muss diese auf Ihren Wunsch hin konkret nachweisen und beweisen, dass er die Kosten bezahlen musste.

Musterformulierung: *„Neben der eigentlichen Vertragsstrafe stellen Sie mir zusätzliche Kosten in Rechnung. Ich bestreite, diese bezahlen zu müssen. Zum einen befinde ich mich nicht im Verzug, da keine fällige berechtigte Hauptforderung vorliegt. Ohne eine Hauptforderungen können jedoch keine Nebenforderungen aus Verzug entstehen. Zudem bestreite ich, dass ich für die Entstehung dieser Zusatzkosten verantwortlich bin. Ich gehe nach dem derzeitigen Sachstand davon aus, dass diese auf Ihrem eigenen Verschulden beruhen. Rein vorsorglich bestreite ich zudem, dass diese Zusatzkosten überhaupt angefallen sind. Dies wäre von Ihnen konkret zu beweisen, anhand eines entsprechenden Belegs und einem Nachweis der vorgeleisteten Zahlung durch Ihr Unternehmen."*

2.1.24 Anfechtung wegen Täuschung

Ist das Hinweisschild auf den privaten Parkplatzbetreiber und die damit im Zusammenhang stehenden möglichen Vertragsstrafen sehr unauffällig angebracht, so kann der Verdacht bestehen, dass das absichtlich so gehandhabt wird. Der Grund hierfür könnte darin zu sehen sein, dass umso mehr Kunden die Parkregeln missachten, wenn sie diese überhaupt nicht bemerken. Das Unternehmen der privaten Parkraumüberwachung erzielt dann einen höheren Gewinn, da mehr Kunden eine Parkstrafe auferlegt werden kann.

In einem solchen Fall kann der Parkvertrag nach §123 BGB angefochten werden. Eine Anfechtung beseitigt den Vertrag von Anfang an, so als ob nie einer zustande gekommen wäre. Es besteht dann keine vertragliche Grundlage, um Forderungen gegen Sie geltend zu machen.

Die Schwierigkeit bei einer Anfechtung wegen Täuschung liegt darin, dass die Täuschung nur schwer zu beweisen wäre. Es müssen also konkrete Vermutungen bestehen, um eine Täuschung annehmen zu können, beispielsweise wenn die Schilder trotz zahlreicher Kundenbeschwerden über einen längeren Zeitraum hinweg nicht an einen besser einsehbaren Platz versetzt werden.

Musterformulierung: *„Vorsorglich erkläre ich Ihnen die Anfechtung wegen Täuschung nach §123 BGB, da Ihre Hinweise auf eine mögliche Parkstrafe zu klein gehalten sind, so dass die Möglichkeit besteht, dass Sie diese absichtlich klein und versteckt halten. (An dieser Stelle machen Sie noch nähere Ausführungen, warum Sie von einer absichtlichen Täuschung ausgehen.)"*

2.1.25 Anfechtung wegen Irrtums

Viele Kunden bevorzugen Supermärkte, die kundenfreundlich handeln. Verpachtet ein Supermarkt seinen Parkplatz an ein Unternehmen der privaten Parkplatzkontrolle, so liegt nicht unbedingt kundenfreundliches Handeln vor. Viele meiner Mandanten waren der Meinung, dass sie den besuchten Supermarkt nun nie wieder anfahren, sondern ihre Einkäufe zukünftig in einem anderen Markt erledigen werden. Sie sind der Meinung, dass ein Supermarkt seinen Parkplatz kostenfrei zur Verfügung stellen sollte. Führen Parkzeitüberschreitungen von nur wenigen Minuten bereits zu einer Strafzahlung, so hätten sie dort nie geparkt.

Sind Sie derselben Meinung, würden Sie also nie auf einem Parkplatz parken wollen, bei dem eine Strafzahlung droht, konnten das aber zuvor nicht erkennen, so befanden Sie sich in einem Irrtum. Sie wollten unter diesen Bedingungen nie einen Parkvertrag abschließen. In diesem Fall haben Sie das Recht, eine Anfechtung wegen Irrtums nach §119 BGB auszusprechen. Die Anfechtung beseitigt den Vertrag von Anfang an, so dass der Parkplatzbetreiber keine vertragliche Grundlage besitzt, um Forderungen gegen Sie geltend zu machen.

Musterformulierung: *„Ich erkläre Ihnen die Anfechtung wegen Irrtums nach §119 BGB, da ich einen solchen Parkvertrag nie abschließen wollte. Hätte ich gewusst, dass unter bestimmten Bedingungen eine Vertragsstrafe entstehen kann, hätte ich nie auf diesem Parkplatz geparkt. (Hier beschreiben Sie noch etwas ausführlicher, dass Sie z.B. kundenfreundliche Supermärkte bevorzugen, die ihren Kunden keine Parkregeln aufstellen etc.)"*

2.2 Musterbrief an die Parkraumüberwachung

Mit dem folgenden Musterbrief teilen Sie dem Unternehmen der privaten Parkplatzkontrolle mit, dass Sie die Forderungen aus dem Strafzettel nicht anerkennen und Widerspruch dagegen einlegen. Ich stelle Ihnen zunächst einen allgemeinen Musterbrief vor, in den Sie die oben unter Abschnitt 2.1 aufgeführten einzelnen Argumente, die auf Ihren Fall zutreffen, einfügen können. Anschließend sehen Sie unter dem Punkt 2.4 einen Musterbrief mit den typischen Argumenten, wie er in den meisten Fällen zur Anwendung kommen dürfte.

Den kursiv gedruckten Text des Musterbriefs nehmen Sie bitte als Vorlage für Ihr Schreiben. An den Stellen, an denen Wörter in Klammern gesetzt sind, fügen Sie Ihre eigenen Angaben bzw. Daten ein, wie beispielsweise Adressangaben, Aktenzeichen, Vorgangsnummern, Datumsangaben oder Geldbeträge.

Absender:
(Vorname, Name)
(Straße, Hausnummer)
(Postleitzahl, Stadt)

An
(Name des Unternehmens)
(Straße, Hausnummer)
(Postleitzahl, Stadt)

Als PDF per E-Mail an: (E-Mail-Adresse des Unternehmens)
Per Fax an: (Faxnummer des Unternehmens)
Per Einschreiben mit Rückschein

Strafzettel vom (Datum) über (Betrag) am PKW (Kennzeichen)
Ihre Vorgangsnummer: (Vorgangsnummer)
Widerspruch Vertragsstrafe

Sehr geehrte Damen und Herren,

Mit Ihrem Strafzettel vom (Datum) fordern Sie die Zahlung einer Vertragsstrafe in Höhe von (Betrag) aus einem angeblichen Parkverstoß in (Ort, Parkplatz) von mir. Hiermit widerspreche ich dieser Forderung. Sie ist nicht berechtigt, ich werde die Vertragsstrafe daher nicht bezahlen.

(An dieser Stelle führen Sie die einzelnen Punkte auf, die in Ihrem Fall gegen die Geltendmachung einer Vertragsstrafe sprechen. Hierzu nutzen Sie bitte die in Kapitel 2.1 vorgegebenen Formulierungen.)

Ich bitte Sie daher, diese Angelegenheit zu stornieren und keine weiteren Forderungen mehr an mich zu stellen. Bitte haben Sie Verständnis dafür, dass ich keine unberechtigten Forderungen bezahlen möchte.

Rein vorsorglich mache ich Sie darauf aufmerksam, dass eine widersprochen Forderung nicht an eine Auskunftei (Schufa etc.) gemeldet werden darf.

Ich bitte Sie, mir innerhalb von drei Wochen schriftlich mitzuteilen, ob Sie die Angelegenheit weiter verfolgen werden. Sollte ich innerhalb dieser Frist keinerlei Reaktion von Ihnen erhalten haben, so gehe ich davon aus, dass Sie diese Angelegenheit nicht weiter verfolgen, und sich diese mit meinem Schreiben abschließend erledigt hat.

Bitte geben Sie die Forderung nicht an ein Inkassounternehmen ab, und veranlassen Sie keine weiteren Mahnungen durch eine beauftragte Rechtsanwaltsinkassokanzlei oder ein gerichtliches Mahnbescheidsverfahren. Da ich die Forderung bestreite, werde ich auch nach Erhalt weiterer Mahnungen keine Zahlungen leisten. Weitere Mahnschreiben erhöhen damit nur die Gebühren, ohne jedoch ein neues Ergebnis herbeizuführen. Dies vor dem Hintergrund, dass jeder Seite in einem Rechtsstreit nach §254 BGB eine gewisse Schadensminderungspflicht obliegt.

Mit freundlichen Grüßen
(Ihre Unterschrift)
(Ort, Datum)

2.3 Was bewirkt dieser Brief?

Widerspruch gegen die Forderung: Immer dann, wenn Sie mit einer unberechtigten Forderung, Rechnung oder Mahnung konfrontiert werden, ist es wichtig, dieser einen Forderungswiderspruch entgegen zu setzen. Der Gegenseite muss deutlich gemacht werden, dass Sie nicht mit dieser Forderung einverstanden sind und keine Zahlungen leisten werden. Vor allem in Hinblick auf einen möglichen Schufa-Negativeintrag ist der Forderungswiderspruch sehr wichtig, da eine widersprochene Forderung nicht in die Schufa oder in andere Auskunfteien eingetragen werden darf.

Erläuterung der Einwendungen: Im folgenden stellen Sie dar, warum die gegen Sie gerichtete Vertragsstrafe unberechtigt ist. Hierzu nutzen Sie die Musterformulierungen der oben in Abschnitt 2.1 vorgestellten rechtlichen Einwendungen.

Frist von drei Wochen: Setzen Sie dem Unternehmen der privaten Parkplatzkontrolle eine Frist von drei Wochen. Zwei Wochen sind meines Erachtens zu kurz, da Parkraumüberwachungsfirmen immer etwas länger für die Beantwortung eines Schreibens benötigen. Möglicherweise liegt das an der dünnen Personaldecke, oder an der Vielzahl der Beschwerden.

Hinweis auf Schufa: Eine widersprochene Forderung darf nicht in die Schufa eingetragen werden. Im Normalfall geschieht das nicht, derartige Forderungen werden erst gar nicht an die Schufa oder an andere Auskunfteien gemeldet. Vorsichtshalber wird der Parkplatzüberwacher noch einmal extra darauf hingewiesen, um die Nachteile eines Schufa-Negativeintrags von vorneherein auszuschließen. Ich beobachte in meiner Tätigkeit als Rechtsanwalt, dass sich die Unternehmen nahezu immer an diese Vorgabe halten. Das heißt, ist gegen eine Forderung Widerspruch eingelegt, so erfolgt keine Schufa-Meldung. Sollte es versehentlich zu einem Schufa-Negativeintrag kommen, so kann dieser durch Vorlage des Widerspruchsschreibens an die Schufa unkompliziert wieder gelöscht werden. Hierzu finden Sie im Schufa-Kapitel 8.4 einen kleinen Musterbrief.

Widerspruch gegen weitere Mahntätigkeit: Hier weisen Sie darauf hin, dass Sie der Forderung dauerhaft widersprechen. Es würde wenig bringen, wenn der Parkraumüberwacher immer wieder weitere Mahnschreiben an Sie verschickt, oder sogar ein Inkassobüro oder eine Rechtsanwaltskanzlei mit dem Einzug der Forderungen beauftragt. Dadurch entstehen weitere Kosten, die vermieden werden können. Beauftragt der Überwacher ein Inkassounternehmen oder eine Rechtsanwaltskanzlei, die Ihnen weitere außergerichtliche Mahnungen zukommen lassen, und hierfür Gebühren in Rechnung stellen, so sind diese unberechtigt. Aufgrund Ihres Widerspruchs haben Sie deutlich gemacht, dass weitere Mahnungen unnötig sind, die Gebühren hierfür hätten vermieden werden können. Nach §254 BGB ist jede Vertragspartei dazu verpflichtet, unnötigen Schaden von der anderen Seite abzuwenden. Entstehen durch die Mahntätigkeit Kosten, die vermeidbar waren, so wäre es unrechtmäßig, Ihnen diese später in Rechnung zu stellen.

2.4 Ein typischer Brief an den Parkraumüberwacher

Ein typischer Brief an den privaten Parkraumkontrolleur, inklusive der wichtigsten Argumente gegen eine Zahlungspflicht, könnte wie folgt aussehen:

Absender:
(Vorname, Name)
(Straße, Hausnummer)
(Postleitzahl, Stadt)

An
(Name des Unternehmens)
(Straße, Hausnummer)
(Postleitzahl, Stadt)

Als PDF per E-Mail an: (E-Mail-Adresse des Unternehmens)
Per Fax an: (Faxnummer des Unternehmens)
Per Einschreiben mit Rückschein

Strafzettel vom (Datum) über (Betrag) am PKW (Kennzeichen)
Ihre Vorgangsnummer: (Vorgangsnummer)
Widerspruch Vertragsstrafe

Sehr geehrte Damen und Herren,

Mit Ihrem Strafzettel vom (Datum) fordern Sie die Zahlung einer Vertragsstrafe in Höhe von (Betrag) aus einem angeblichen Parkverstoß in (Ort, Parkplatz) von mir. Hiermit widerspreche ich dieser Forderung. Sie ist nicht berechtigt, ich werde die Vertragsstrafe daher nicht bezahlen.

Damit Sie berechtigt sind, von mir die Zahlung einer Vertragsstrafe einzuverlangen, muss zwischen Ihnen und mir ein wirksamer Vertrag zustande gekommen sein. Das ist hier nicht der Fall. Hierzu wäre ein großer und deutlicher Hinweis an der Zufahrt zum Parkplatz notwendig, als auch an den einzelnen Parkplätzen und an der Eingangstür des Marktes. Sind diese Hinweise zu klein gehalten, so finden die Regelungen keinen Eingang in den Parkvertrag. Es obliegt daher Ihnen, einen solchen Nachweis der ordnungsgemäßen Einbeziehungen der Geschäftsbedingungen vorzulegen. Sie müssen nachweisen, dass ich als Kunde bei Befahren des Parkplatzes von Ihren Geschäftsbedingungen erfahren habe.

Ihr derzeit benutztes Schild mit den Hinweisen auf einen privaten Parkplatz und den damit im Zusammenhang stehenden Parkregeln ist für einen Autofahrer nicht erkennbar, da es zu unscheinbar am Rande der Einfahrt steht.

Die von Ihnen verlangte Forderung ist zudem mit (Betrag) zu hoch angesetzt. Diese darf maximal das doppelte der üblichen Kosten für einen Parkverstoß im öffentlichen Raum betragen, §307 Absatz 2 Nr. 1 BGB. Da Parkverstöße im öffentlichen Parkraum meist mit fünf bis zehn Euro bestraft werden, dürften Sie eine maximal Vertragsstrafe von zehn bis 20 Euro berechnen. Da Sie einen wesentlich höheren Betrag in Rechnung stellen, ist Ihre Forderung unberechtigt.

Ich muss Sie außerdem darauf aufmerksam machen, dass ich bei Kenntnisnahme der Parkbedingungen überhaupt nicht auf dem Parkplatz hätte parken wollen. Ich möchte keine Geschäfte aufsuchen, die ihren Kunden kostenpflichtige Parkplätze zur Verfügung stellen. Vor diesem Hintergrund kommt in derartigen Fällen unter rechtlichen Gesichtspunkten kein wirksamer Vertrag zustande. Ein Vertragsschluss ist nur dann möglich, wenn beide Vertragsparteien übereinstimmende Willenserklärungen in Bezug auf den Vertragsinhalt und den Vertragspreis abgegeben haben. Geht eine Vertragspartei davon aus, dass es sich um eine vollständig kostenfreie Parkmöglichkeit handelt, die andere aber von einer Kostenpflicht, entsteht nach deutschem Recht kein Vertrag, es liegt dann ein Dissens vor.

Ich erkläre Ihnen daher die Anfechtung wegen Irrtums nach §119 BGB, da ich einen solchen Parkvertrag nie abschließen wollte. Hätte ich gewusst, dass unter bestimmten Bedingungen eine Vertragsstrafe entstehen kann, hätte ich nie auf diesem Parkplatz geparkt.

Ich bitte Sie daher, diese Angelegenheit zu stornieren und keine weiteren Forderungen mehr an mich zu stellen. Bitte haben Sie Verständnis dafür, dass ich keine unberechtigten Forderungen bezahlen möchte.

Rein vorsorglich mache ich Sie darauf aufmerksam, dass eine widersprochen Forderung nicht an eine Auskunftei (Schufa etc.) gemeldet werden darf.

Ich bitte Sie, mir innerhalb von drei Wochen schriftlich mitzuteilen, ob Sie die Angelegenheit weiter verfolgen werden. Sollte ich innerhalb dieser Frist keinerlei Reaktion von Ihnen erhalten haben, so gehe ich davon aus, dass Sie diese Angelegenheit nicht weiter verfolgen, und sich diese mit meinem Schreiben abschließend erledigt hat.

Bitte geben Sie die Forderung nicht an ein Inkassounternehmen ab, und veranlassen Sie keine weiteren Mahnungen durch eine beauftragte Rechtsanwaltsinkassokanzlei oder ein gerichtliches Mahnbescheidsverfahren. Da ich die Forderung bestreite, werde ich auch nach Erhalt weiterer Mahnungen keine Zahlungen leisten. Weitere Mahnschreiben erhöhen damit nur die Gebühren, ohne jedoch ein neues Ergebnis herbeizuführen. Dies vor dem Hintergrund, dass jeder Seite in einem Rechtsstreit nach §254 BGB eine gewisse Schadensminderungspflicht obliegt.

Mit freundlichen Grüßen
(Ihre Unterschrift)
(Ort, Datum)

2.5 Welche Reaktionen sind nun möglich?

Nach Erhalt Ihres ausführlich begründeten Widerspruchsschreibens sollte das Unternehmen der privaten Parkplatzkontrolle einsehen, dass es eine haltlose Forderung gegen Sie geltend gemacht hat, und diese stornieren. Sie können daran erkennen, dass Sie es mit einem seriösen Unternehmen zu tun haben.

Leider verhält es sich in der Realität meistens so, dass die Parkraumüberwacher selbst unberechtigte und widersprochene Forderungen weiterhin zur Zahlung einverlangen. Vermutlich liegt das daran, dass die Parkplatzunternehmen versuchen, einen möglichst hohen Gewinn zu erzielen. Manche reagieren auch überhaupt nicht oder sehr spät.

Letztendlich verhält es sich in den meisten Fällen so, dass die gegen Sie gerichtete Forderung an ein Inkassobüro weitergereicht wird. Da sich diese Vorgehensweise inzwischen schon fast zu einem Standard-Prozedere entwickelt hat, erfahren Sie im folgenden Kapitel 3 alles über die Inkassomahnung, die nun auf Sie zukommen wird.

Bitte machen Sie sich deswegen keine Sorge, denn es handelt sich um einen standardisierten Vorgang. Bei Nichtzahlung der Vertragsstrafe reicht der Parkplatzbetreiber die Forderung automatisch an den Inkassodienstleister weiter. In manchen Fällen überprüft nicht einmal mehr ein Mensch den Vorgang, es existiert eine automatisierte Schnittstelle zwischen dem Parkplatzbetreiber und dem Inkassobüro.

3 Erhalt einer Inkassomahnung nach Widerspruch gegen den Strafzettel

Wie soeben beschrieben, werden Sie nach erfolgtem Widerspruch gegen die Vertragsstrafe mit großer Wahrscheinlichkeit die Mahnung eines Inkassounternehmens erhalten. Da sich damit eine neue Mahnstelle einschaltet, ist ein weiterer Widerspruch erforderlich. Bitte nutzen Sie dazu den im folgenden beschriebenen Musterbrief.

3.1 Musterbrief an das Inkassobüro

Absender:
(Vorname, Name)
(Straße, Hausnummer)
(Postleitzahl, Stadt)

An
(Name des Inkassobüros)
(Straße, Hausnummer)
(Postleitzahl, Stadt)

Als PDF per E-Mail an: (E-Mail-Adresse des Inkassobüros)
Per Fax an: (Faxnummer des Inkassobüros)
Per Einschreiben mit Rückschein

Angelegenheit (Auftraggeber) ./. (Ihr Name)
Ihr Aktenzeichen: (Aktenzeichen des Inkassobüros)
Widerspruch gegen Ihre Forderung vom (Datum) über (Betrag)

Sehr geehrte Damen und Herren,

mit Ihrem Schreiben vom (Datum) fordern Sie einen Betrag in Höhe von (Betrag) von mir. Hiermit widerspreche ich Ihrer Forderung. Diese ist nicht berechtigt, ich werde daher nicht bezahlen.

Ich habe bereits gegenüber Ihrer Mandantschaft einen Forderungswiderspruch geäußert. Mein Schreiben vom (Datum) lege ich Ihnen in Kopie anbei.

Ich bitte Sie daher, diese Angelegenheit zu stornieren und keine weiteren Forderungen mehr an mich zu stellen. Bitte haben Sie Verständnis dafür, dass ich keine unberechtigten Forderungen bezahlen möchte.

Rein vorsorglich weise ich darauf hin, dass eine widersprochene Forderung nicht an eine Auskunftei wie beispielsweise die Schufa etc. gemeldet werden darf.

Ich bitte Sie, mir innerhalb von drei Wochen ab Erhalt dieses Schreibens schriftlich mitzuteilen, ob Sie die Angelegenheit weiter verfolgen werden. Sollte ich bis zu diesem Datum keinerlei Reaktion von Ihnen erhalten haben, so gehe ich davon aus, dass Sie diese Angelegenheit nicht weiter verfolgen, und sich diese mit meinem jetzigen Schreiben abschließend erledigt hat.

Bitte erlassen Sie keine weiteren Mahnschreiben und verzichten Sie auf die Beantragung eines gerichtlichen Mahnbescheides. Da ich die Forderung bestreite, könnte auf dem Weg der fortführenden Mahntätigkeit Ihrerseits keine weitere Klärung der Sachlage herbeigeführt werden.

Mit freundlichen Grüßen
(Ihr Name und Unterschrift)
(Ort, Datum)

3.2 Was bewirkt dieser Brief?

Widerspruch gegen die Forderung: Zunächst machen Sie dem Inkassobüro gegenüber deutlich, dass es sich um eine unberechtigte Forderung handelt und Sie dieser widersprechen.

Hinweis auf das vorangegangene Schreiben: Es kommt leider immer wieder vor, dass Inkassounternehmen die Forderung erhalten, ohne den zugrunde liegenden Sachverhalt vom ursprünglichen Forderungsinhaber mitgeteilt bekommen zu haben. Daher ist es wichtig, Ihr bereits ergangenes Widerspruchsschreiben noch einmal in Kopie beizulegen. Dadurch kann der zuständige Sachbearbeiter des Inkassodienstleisters erkennen, dass der Forderung bereits widersprochen wurde, und warum.

Bitte um Stornierung: Aufgrund der unberechtigten Zahlungsaufforderung bitten Sie um eine Stornierung. Handelt es sich um ein seriöses Inkassobüro, das den Sachverhalt tatsächlich überprüft und über die rechtliche Situation nachdenkt, so kann es geschehen, dass das Inkassounternehmen an dieser Stelle den weiteren Forderungseinzug abbricht und die Angelegenheit an das ursprüngliche Unternehmen zurückgibt. Das kommt vor allem dann vor, wenn das Inkassobüro sehr eng mit dem ursprünglichen Unternehmen zusammenarbeitet oder von diesem gegründet wurde (es gibt einige Unternehmen auf dem deutschen Markt, die ihre eigenen Inkassodienstleister gründen und offene Forderungen nur über diesen geltend machen).

Hinweis auf Schufa: Eine widersprochene Forderung darf nicht in die Schufa oder eine andere Auskunftei eingetragen werden. Mit diesem Satz weisen Sie klar auf die Rechtslage hin und machen damit deutlich, dass Sie unter keinen Umständen eine Weitergabe Ihrer Daten an eine Auskunftei wünschen.

Fristsetzung zur Stellungnahme: Um das Inkassounternehmen zum Handeln und zur Stellungnahme aufzufordern, setzen Sie diesem eine Frist. Bitte beachten Sie, dass es sich hierbei nicht um eine gesetzliche Frist handelt. Das heißt, nach Ablauf der Frist tritt keine gesetzlich vorgegebene Wirkung ein. Es handelt sich um eine rein privat gesetzte Frist, die die Gegenseite zum Tätigwerden auffordert.

Widerspruch gegen weitere Mahnungen: Da Sie mit dem jetzigen Schreiben Widerspruch gegen die Forderung eingelegt haben, und diesen Widerspruch konsequent aufrecht erhalten werden, würde es für das Inkassobüro wenig Sinn ergeben, wenn es Ihnen noch weitere Mahnungen zukommen lassen würde. Gleiches gilt für den gerichtlichen Mahnbescheid: Dieser kostet Gebühren, macht aber bei einer widersprochenen Forderung wenig Sinn. Die dadurch entstehenden Kosten können verhindert werden, was Sie mit diesem Absatz deutlich machen. In einem Rechtsstreit ist jede Seite dazu verpflichtet, den entstehenden Schaden so gering wie möglich zu halten. Verstößt eine Seite gegen diesen Grundsatz, so kann zu einem späteren Zeitpunkt die Gegenseite nicht zur Übernahme der unnötigen Kosten gezwungen werden. Bitte lesen Sie für weitere Informationen zum gerichtlichen Mahnbescheid auch Kapitel 7.

3.3 Weiteres Vorgehen nach Widerspruch gegen die Inkassomahnung

Trotz des von Ihnen geäußerten Widerspruchs wird das Inkassounternehmen weiterhin versuchen, von Ihnen eine Zahlung zu erhalten. Wie im nächsten Kapitel 4 ausführlich beschrieben, hängt das damit zusammen, dass das Inkassounternehmen im Regelfall die Forderung aufgekauft hat und nun versucht, mit Hilfe der Forderung einen Gewinn zu erzielen. Erhaltenes Geld muss das Inkassobüro nicht mehr an den ursprünglichen Auftraggeber weiterreichen, sondern kann dieses selbst behalten.

Es ist daher möglich, dass Sie noch über Monate hinweg regelmäßige Mahnschreiben erhalten. Diese weiteren Inkassomahnungen entfalten keine neue rechtliche Wirksamkeit, sie dienen alleine dazu,

Sie einem gewissen Zahlungsdruck auszusetzen. Meist handelt es sich dabei um computergenerierte Mahnschreiben, das heißt, Ihre Adressdaten sind im System des Inkassodienstleisters hinterlegt und werden in festgelegten Abständen aufgerufen, um ein automatisch erstelltes Mahnschreiben auszudrucken und zu versenden. Dieses trägt nicht einmal mehr die Unterschrift, ein Mensch schaut in vielen Fällen überhaupt nicht mehr darauf.

Es ist nicht notwendig, jeder einzelnen dieser Mahnungen zu widersprechen, da Sie bereits einen einmaligen Widerspruch geäußert haben. In rechtlicher Hinsicht reicht es aus, einer unberechtigten Forderung einmalig zu widersprechen.

Aus Erfahrung weiß ich, dass sich viele von unberechtigten Mahnungen bedrohte Mandanten sicherer fühlen, wenn sie den einzelnen Mahnungen jeweils einen weiteren Widerspruch entgegensetzen. Selbstverständlich können auch Sie den weiteren Mahnungen jeweils mit einem Widerspruch entgegnen.

Nutzen Sie für die folgenden Widersprüche lediglich den Versand per E-Mail, ein Einschreiben oder ein Fax ist hierfür nicht notwendig, da es sich um eine bereits widersprochene Forderung handelt. Es wäre zu teuer, für jeden einzelnen Widerspruch immer wieder ein Einschreiben mit Rückschein zu versenden.

An
(Name des Inkassobüros)
(Straße, Hausnummer)
(Postleitzahl, Stadt)

Nur per E-Mail an: (E-Mail-Adresse des Inkassounternehmens)

Angelegenheit (Auftraggeber) ./. (Ihr Name)
Ihr Aktenzeichen: (Aktenzeichen des Inkassobüros)
Widerspruch gegen Ihre Forderung vom (Datum) über (Betrag)
Aufrechterhaltung des Widerspruchs

Sehr geehrte Damen und Herren,

hiermit erkläre ich Ihnen den Widerspruch gegen die Mahnung vom (Datum) über einen Betrag von (Betrag). Bereits mit Schreiben vom (Datum) habe ich Ihrer Forderung widersprochen. Dieser Widerspruch wird von mir aufrecht erhalten.

Mit freundlichen Grüßen
(Ihr Name)
(Ort, Datum)

Mit diesem Musterbrief zeigen Sie dem Inkassounternehmen erneut auf, dass Sie die Forderung für unberechtigt halten und nicht bezahlen werden. Im Idealfall gibt der Inkassodienstleister nach einiger Zeit auf und stellt keine weiteren Forderungen an Sie.

Einige Inkassobüros sind jedoch besonders hartnäckig und arbeiten mit Rechtsanwaltskanzleien zusammen. Das Ziel liegt vermutlich darin, größtmöglichen Zahlungsdruck auf Sie auszuüben. Bitte machen Sie sich keine Sorgen. Es handelt sich um ein Verfahren, das von zahlreichen Inkassodienstleistern standardisiert angewendet wird. Letztendlich bleibt es bei einer unberechtigten Forderung, die lediglich durch eine weitere neue Institution angemahnt wird. Weiter hinten in Kapitel 6 schildere ich Ihnen die Vorgehensweise gegen eine Mahnung, die Sie von einer Inkasso-Anwaltskanzlei erhalten.

Andere Inkassounternehmen lassen Ihnen einen „gerichtlichen Mahnbescheid" zukommen, falls dauerhaft keine Zahlung Ihrerseits eingeht. Auch in einem solchen Fall besteht kein Anlass zur Sorge, denn ein Mahnbescheid ist lediglich eine andere Form der Mahnung, der Sie leicht widersprechen können. Sollten Sie einen Mahnbescheid erhalten, so lesen Sie hierzu bitte die in Kapitel 7 geschilderte Vorgehensweise.

4 Wichtige Hinweise zu Inkassomahnungen

4.1 Was macht ein Inkassobüro?

Ein Inkassodienstleister ist ein Unternehmen, das sich darauf spezialisiert hat, offene Forderungen von anderen Firmen aufzukaufen und im eigenen Namen vom Schuldner einzuverlangen. Inzwischen werden offene Forderungen größerer Unternehmen geschäftsmäßig und automatisiert an Inkassounternehmen verkauft. Ab diesem Moment fordert nicht mehr das Unternehmen die Zahlung, sondern das Inkassobüro.

Es würde sich für den Parkplatzbetreiber aufgrund des meist eher kleinen Streitwerts nicht rentieren, jeden einzelnen offenen Betrag sofort vom Kunden per Gericht einzuklagen. Der einfachere Weg ist daher der, die Forderung an ein Inkassounternehmen zu verkaufen. Das heißt, die Unternehmen der Parkraumkontrolle geben die Forderung komplett an den Inkassodienstleister ab, erhalten dafür einen bestimmten Geldbetrag (meist ein Prozentsatz der abgetretenen Summe), und haben ab diesem Moment mit der Angelegenheit nichts mehr zu tun.

Das Inkassobüro muss ab dem Zeitpunkt des Forderungsankaufs nun auf eigenen Gewinn wirtschaften, da das Inkassounternehmen bereits Geld für den Forderungsankauf ausgegeben hat. Es versucht nun, über das Eintreiben der Forderung, diesen Betrag wieder einzuholen und darüber hinaus einen Gewinn zu erwirtschaften. Eventuelle Zahlungen würden nicht mehr an das ursprüngliche Unternehmen gehen, sondern nur noch an das Inkassobüro. Die ursprüngliche Firma hat mit Abgabe der Forderung an ein Inkassobüro in den meisten Fällen nichts mehr mit der Angelegenheit zu tun.

Weitere Schreiben direkt an das bisherige Unternehmen wären ergebnislos, da diese nur an das Inkassounternehmen weitergeleitet werden würde. Ebenso würden Zahlungen, die Sie an das ursprüngliche Unternehmen leisten, an den Inkassodienstleister weiter geleitet.

Hat ein Unternehmen beispielsweise eine Forderung in Höhe von 30 Euro gegen seinen Kunden offen, und zahlt der Kunde dauerhaft nicht, so gibt das Unternehmen irgendwann auf. Es verkauft diese Forderung über 30 Euro für einen Kaufpreis von beispielsweise 20 Prozent, also 6 Euro, an einen Inkassodienstleister. Dieses Inkassobüro hat damit 6 Euro ausgegeben, kann aber nach wie vor die gesamte Forderung von 30 Euro vom Kunden zur Zahlung einverlangen. Damit würde das Inkassobüro einen Gewinn von 24 Euro machen.

Da das Inkassounternehmen jedoch darauf aus ist, höchstmögliche Einnahmen zu erzielen, schlägt es auf die Forderung von 30 Euro noch zusätzliche Gebühren hinzu. So werden z.B. Zinsen, Inkassogebühren, Mahngebühren, Ermittlungskosten etc. zur Hauptforderung hinzugerechnet, so dass am Ende ein doppelt so hoher Betrag entstehen kann, als er gegenüber dem ursprünglichen Unternehmen geschuldet war. Hat Ihnen der Parkraumüberwacher einen Strafzettel von ursprünglich 30 Euro ausgestellt, so kann es sein, dass das Inkassobüro bereits über 50 Euro in Rechnung stellt. Meldet sich später noch eine Inkasso-Rechtsanwaltskanzlei, so steigt der Betrag auf über 80 Euro an.

4.2 Erfährt das Inkassobüro von meinem bereits geäußerten Widerspruch?

Leider ist es oftmals so, dass das Unternehmen, welches die Forderung an den Inkassodienstleister abgibt, nur den reinen Forderungsbetrag übermittelt. Es werden maximal einige zusätzliche Angaben wie beispielsweise das ursprüngliche Vertragsverhältnis, die Kundennummer, Datum der Fälligkeit etc. gemacht.

Ich kenne Fälle, in denen das automatisiert geschieht, so dass bei ausbleibendem Zahlungseingang das Computersystem des Unternehmens die offene Forderung automatisch an den Inkassodienstleister übermittelt, der diese dann in seinem Computersystem in Empfang nimmt. Hierfür werden vorab die entsprechenden Rahmenverträge und -bedingungen ausgehandelt, so dass der gesamte Vorgang am Ende weitgehend ohne menschlichen Eingriff stattfinden kann.

Vor allem größere Unternehmen handhaben das meiner Kenntnis nach so. Kundenfreundlich ist das nicht. Es besteht immer die Gefahr, dass der mit dem Kunden geführte Schriftwechsel buchstäblich auf der Strecke bleibt. Erhält das Inkassobüro lediglich die Rahmendaten der Forderung, weiß es über deren Entstehung und geäußerte Widersprüche nichts.

In meiner Tätigkeit als Rechtsanwalt muss ich immer wieder mit großem Erstaunen feststellen, dass so manches Inkassobüro überrascht ist, wenn ihm mitgeteilt wird, dass es sich um eine widersprochene Forderung handelt, und mit dem vorherigen Unternehmen bereits umfangreicher Schriftwechsel geführt wurde. Von daher ist es unbedingt notwendig, und von großer Wichtigkeit, dem Inkassobüro gegenüber noch einmal einen Widerspruch zu äußern.

4.3 Darf eine widersprochene Forderung an ein Inkassobüro verkauft werden?

Grundsätzlich sollte ein Unternehmen, dessen Kunde einer Forderung widersprochen hat, zusammen mit diesem eine einvernehmliche Lösung finden. Stattdessen werden unbezahlte Forderungen mit den immer gleichen Standardschreiben angemahnt und schließlich an den Inkassodienstleister abgegeben. Kundenfreundliches Verhalten sieht anders aus, rechtlich zulässig ist es aber. Jeder Inhaber einer Forderung darf diese an ein anderes Unternehmen oder eine andere Person verkaufen, wenn die rechtlichen Rahmenbedingungen eingehalten werden.

4.4 Darf das Inkassobüro widersprochene Forderungen annehmen?

Viele Inkassounternehmen schreiben in ihre Geschäftsbedingungen den Grundsatz, dass nur berechtigte und unbestrittene, also nicht-widersprochene Forderungen, angenommen werden. Leider halten sich daran die wenigsten Inkassodienstleister. Alle Forderungen werden aufgekauft, egal ob rechtmäßig oder unrechtmäßig, egal ob bestritten oder unbestritten. Sicherlich hängt dies damit zusammen, dass das Inkassounternehmen einen größtmöglichen Gewinn erzielen möchte, und daher auf den Ankauf jeder einzelnen Forderung angewiesen ist. In vielen Fällen erfährt das Inkassobüro überhaupt nicht davon, dass es sich um eine unrechtmäßige und widersprochene Forderung handelt. Wie oben bereits erwähnt, finden zahlreiche Forderungsverkäufe inzwischen vollautomatisiert ab. Eine einzelne Sachverhaltsüberprüfung bleibt auf der Strecke.

4.5 Kann ich dem Inkassobüro eine gütliche Einigung vorschlagen?

Ich erlebe es immer wieder, dass Inkassounternehmen durchaus zu einer gütlichen Einigung bereit sind. Teilweise kann der Forderungsbetrag durch eine solche Einigung erheblich reduziert werden, manchmal auf bis zu zehn Prozent der ursprünglichen Summe.

Wie bereits dargestellt, kommt es vor, dass das Inkassobüro die Forderung aufgekauft hat, ohne zu wissen ob diese berechtigt oder unberechtigt ist. Der Inkassodienstleister hofft, durch das Eintreiben der Forderung einen größtmöglichen Gewinn zu erzielen. Geht nun ein vermeintlicher Schuldner in Widerspruch und begründet diesen ausführlich, so erkennt das Inkassobüro, dass es von diesem Schuldner vermutlich keine Zahlung erlangen wird. Der Forderungsankauf wäre ein Verlustgeschäft.

Handelt es sich um einen eher kleinen Geldbetrag, so würde sich selbst ein gerichtliches Klageverfahren nicht rentieren. Das Inkassobüro muss im schlimmsten Fall damit rechnen, aufgrund des sich wehrenden Schuldners überhaupt keine Zahlungen zu erhalten.

In einem solchen Fall erscheint es für das Inkassounternehmen als das kleinere Übel, im Rahmen einer gütlichen Einigung wenigstens etwas Geld zu erhalten, und damit zumindest die Kosten für den Forderungseinkauf wieder hereinzuholen.

Ziehen wir das bereits oben erwähnte Beispiel noch einmal heran: Hat das Inkassobüro eine Forderung im Wert von 30 Euro für 6 Euro aufgekauft, so wird es vom vermeintlichen Schuldner vermutlich inklusive Gebühren und Zinsen einen Gesamtbetrag von ca. 50 Euro verlangen. Schlägt der Schuldner eine gütliche Einigung über 20 Prozent des Gesamtforderungsbetrags vor, so würde das einem Betrag von zehn Euro entsprechen. Das Inkassounternehmen erklärt sich einverstanden, da sogar dieser Teilbetrag von 20 Prozent über dem Betrag liegt, den es für den Ankauf der Forderung bezahlen musste. Bevor es überhaupt keinen Zahlungseingang verbuchen kann, greift das Inkassobüro lieber zu diesen zehn Euro.

Erklärt sich der Inkassodienstleister mit der gütlichen Einigung einverstanden, so ist die Angelegenheit vollständig beendet. Der vermeintliche Schuldner muss keine weiteren Mahnungen oder ein evtl. drohendes Gerichtsverfahren fürchten. Von daher kann es sich für den Schuldner lohnen, eine Einigung vorzuschlagen, da zwar ein gewisser Betrag entrichtet werden muss, die Angelegenheit dafür friedlich beendet wurde.

Natürlich ist bei den hier beschriebenen Fällen zu berücksichtigen, dass es sich meist um eher geringe Anfangsstreitwerte von ca. 30 Euro handelt. Schlagen Sie dem Inkassobüro eine gütliche Einigung über zehn Euro vor, und berücksichtigen den Kaufpreis dieses Buches, so haben Sie nicht viel gewonnen. Angesichts dessen rate ich eher davon ab, eine gütliche Einigung vorzuschlagen, um die Verhältnismäßigkeit zu wahren. Bleiben Sie angesichts einer niedrigen Hauptforderung besser im Komplettwiderspruch.

Etwas anderes gilt für die Fälle, in denen Sie von Beginn an mit einer Inkassomahnung konfrontiert werden, und nie einen Strafzettel an Ihrem Auto vorgefunden haben (siehe Kapitel 5). Hier wird von Ihnen von Anfang an ein Betrag von über 50 Euro oder mehr gefordert. Angesichts dessen kann ein Vorschlag zur gütlichen Einigung über zehn Euro eher im Verhältnis zu den aufgewandten Kosten stehen.

Für den Vorschlag einer gütlichen Einigung können Sie den folgenden Mustertext verwenden: *„Unabhängig vom Bestehen oder Nichtbestehen einer berechtigten Forderung seitens Ihrer Mandantschaft möchte ich Ihnen den Vorschlag zu einer gütlichen Einigung machen, um die Sache, ohne Anerkennung einer Rechtspflicht, zu einem baldigen Abschluss bringen zu können. Ich biete Ihnen die Zahlung eines Vergleichsbetrages in Höhe von zehn Euro an. Mit Zahlung dieses Betrages wäre die Angelegenheit dann für beide Seiten vollständig abgeschlossen."*

4.6 Sind die Inkassokosten berechtigt?

Inkassokosten (Inkassogebühren, Verzugszinsen, Mahnkosten, Bearbeitungsgebühren, Ermittlungskosten etc.) fallen unter den Begriff „Verzugskosten". Das sind Kosten, die Sie nur dann begleichen müssen, wenn Sie sich „im Verzug" befinden. Im Verzug sind Sie dann, wenn Sie eine fällige Forderung nicht rechtzeitig bezahlen.

Das Problem dabei ist, dass gegen Sie überhaupt keine reale Forderung vorliegt. Der Parkplatzbetreiber besitzt in den Fällen, in denen kein wirksamer Parkvertrag zustande kommt (vgl. oben unter Kapitel 2.1), keine vertragliche Grundlage, auf deren Basis er gegen Sie eine Forderung erheben könnte. Stellt das Unternehmen nun eine Rechnung, so handelt es sich dabei um ein Fantasiegebilde, eine Forderung ohne jegliche Grundlage. Liegt keine reale Forderung gegen Sie vor, können Sie aufgrund einer Nichtbezahlung nicht in Verzug geraten, müssen somit keine Verzugskosten begleichen.

Vor allem dann, wenn Sie zuvor nie einen Strafzettel erhielten, sondern die Inkassomahnung die erste Zahlungsaufforderung ist, die Sie bekommen haben, dürfen keine Verzugskosten in Rechnung gestellt werden. Sie können in einem solchen Fall nicht im Verzug sein, da Sie nie eine zugrunde liegende Rechnung erhalten haben.

4.7 Darf das Inkassobüro einen Gerichtsvollzieher beauftragen?

Bitte machen Sie sich deswegen keine Sorgen, diese Gefahr besteht nicht. Die Beauftragung eines Gerichtsvollziehers, der Antrag auf Lohn- und Gehaltspfändung oder die Pfändung eines Bankkontos ist erst dann möglich, wenn gegen Sie ein rechtskräftiger „Titel" vorliegt. Das heißt, entweder müsste ein Gerichtsurteil gegen Sie ergangen sein, oder es muss Ihnen ein Mahnbescheid und anschließend ein Vollstreckungsbescheid zugegangen sein, ohne dass Sie Widerspruch eingelegt haben. Alleine durch die Beauftragung eines Inkassounternehmens liegt ein solcher Titel nicht vor. Dennoch drohen viele Inkassodienstleister derartige Konsequenzen an, um den vermeintlichen Schuldner zur schnellen Zahlung zu bewegen. Bitte lassen Sie sich davon nicht täuschen.

4.8 Darf ein Inkassounternehmen einen Schufa-Negativeintrag veranlassen?

Ein Inkassodienstleister darf, stellvertretend für das ursprüngliche Unternehmen, einen Negativeintrag in Ihrem Schufa-Datenbestand hinterlassen. Allerdings nur dann, wenn das Inkassobüro Vertragspartner der Schufa ist, und wenn es sich nicht um eine widersprochene Forderung handelt. Zudem muss es Sie mindestens zweimalig im Abstand von vier Wochen gemahnt haben, unter Hinweis auf einen bevorstehenden Schufa-Eintrag. Ist das nicht geschehen, so ist ein dennoch ergangener Schufa-Negativeintrag rechtswidrig und muss wieder gelöscht werden.

Da ein Inkassobüro die Möglichkeit hat, einen Schufa-Negativeintrag zu setzen, sollten Sie einer Inkassomahnung unbedingt einen schriftlichen Widerspruch entgegenstellen. Eine widersprochene unberechtigte Forderung darf nicht in die Schufa eingetragen werden. Bitte nutzen Sie hierzu die in Kapitel 3 bzw. Kapitel 5 abgedruckten Musterbriefe.

5 Erhalt einer Inkassomahnung ohne vorangegangenem Strafzettel

Leider kommt es sehr oft vor, dass meine Mandanten die Mahnung eines Inkassounternehmens erhalten, ohne je zuvor einen Strafzettel gesehen zu haben. In einem solchen Fall muss der Inkassomahnung ein erstmaliger Widerspruch entgegen gesetzt werden, so dass die Vorgehensweise eine leicht abgeänderte ist, als unter Kapitel 2 und 3 beschrieben wurde.

5.1 Wieso liegt kein Strafzettel vor?

Auch für mich als Rechtsanwalt ist es nur schwer nachzuvollziehen, warum so viele meiner Mandanten als erste Zahlungsaufforderung die Mahnung eines Inkassobüros erhalten. Denn eine Inkassomahnung darf in rechtlicher Hinsicht erst als zweiter Schritt erfolgen. Zunächst hat ein vermeintlicher Schuldner das Recht, direkt vom Gläubiger eine Rechnung zu erhalten. Liegt diese nicht vor, darf sich auch kein Inkassodienstleister einschalten. Erst recht darf dieser keine Verzugskosten berechnen.

Möglicherweise werden zahlreiche Strafzettel der privaten Parkraumkontrolle nur unzureichend an den parkenden PKWs befestigt, und dann durch Wind und Regen verweht. Immer wieder senden mir Mandanten Bilder zu, die sie von dem Parkplatzbetreiber erhalten haben: Sobald ein Strafzettel am Auto befestigt ist, machen die Kontrolleure mit einer Digitalkamera Bilder von dem parkenden PKW und dem Zettel. Beschwert sich der Kunde anschließend über die Vertragsstrafe, so werden ihm diese Bilder zugeschickt. Auf vielen dieser Bilder ist deutlich zu erkennen, dass der Strafzettel nur unzureichend am Scheibenwischer befestigt wurde. Das würde bedeuten, dass der Zettel bereits bei geringem Wind oder etwas Regen davon geweht wird. Ist das der Fall, so hat der PKW-Fahrer natürlich keine Möglichkeit, von dem Strafzettel Kenntnis zu erlangen. Erst durch die Inkassomahnung erfährt er von dem möglicherweise bestehenden Parkverstoß.

Vielleicht kommt es auch manchmal vor, dass andere Kunden oder Kinder die Strafzettel entwenden. Oder aber der Parkraumkontrolleur vergisst in der Eile, den Strafzettel am Auto anzuheften. Schließlich kann es auch sein, dass der kleine Zettel vom Fahrer nicht bemerkt wird und er einfach losfährt. Wird dann die Autobahn benutzt oder die Scheibenwischer betätigt, fliegt der Strafzettel weg. Dem Kunden des Supermarktes ist das nicht vorwerfbar, denn er wusste nichts von einem möglichen Strafzettel an seinem Auto.

5.2 Was spricht gegen die Forderungen des Inkassobüros

Stellt das Unternehmen der privaten Parkplatzkontrolle nach einer Weile fest, dass von dem angemahnten Fahrer kein Zahlungseingang der Vertragsstrafe zu verzeichnen ist, so müsste dieses die Rechnung erneut versenden. Immer dann, wenn ein Unternehmen feststellt, dass ein vermeintlicher Schuldner seine Rechnung nicht bezahlt, muss es dem Schuldner die Rechnung erneut zusenden, evtl. in Verbindung mit einer Mahnung. Das liegt daran, dass es immer einmal passieren kann, dass der Schuldner die Rechnung nicht erhält. Im Normalfall sollte ein seriöses Unternehmen daher mindestens zweimalig mahnen, bevor es weitere rechtliche Schritte unternimmt.

In keinem Fall darf es die unbezahlte Rechnung ohne vorherige Mahnung und ohne einen weiteren Kommentar an ein Inkassounternehmen abgeben. Das Problem bei der Abgabe an ein Inkassounternehmen liegt darin, dass dieses zusätzliche Inkassogebühren berechnet. Inkassogebühren fallen jedoch unter die Verzugskosten, und Verzugskosten dürfen erst dann berechnet werden, wenn sich der vermeintliche Schuldner im Verzug befindet. Verzug liegt aber nicht vor, da nie eine Rechnung ergangen ist. Niemand kann ohne den Erhalt einer Rechnung in Verzug geraten, da er über diese keine Kenntnis hat. Weiß man nichts von einer Zahlungsverpflichtung, kann man nicht in einen Zahlungsverzug geraten.

Die Forderung eines Inkassounternehmens ist somit sowohl hinsichtlich der Hauptforderung unberechtigt, falls eine oder mehrere der oben unter Kapitel 2.1 aufgeführten Widerspruchsmöglichkeiten in Betracht kommt, als auch in Bezug auf die Verzugskosten. Es erfordert daher einen leicht abgewandelten und umfangreicheren Widerspruch als der unter Kapitel 3 geschilderte Musterbrief, denn das Inkassounternehmen muss nun über die gesamte Begründung des Widerspruchs in Kenntnis gesetzt werden. Das heißt, die Argumente, die man gegen den Parkplatzbetreiber vorgebracht hätte, sind nun gegen den Inkassodienstleister zu richten.

5.3 Musterbrief an das Inkassobüro

Bitte nutzen Sie den folgenden Musterbrief, um gegen eine erstmalig erhaltene Inkassomahnung, ohne vorherige Aufforderung durch den Parkraumüberwacher, zu reagieren:

Absender:
(Vorname, Name)
(Straße, Hausnummer)
(Postleitzahl, Stadt)

An
(Name des Inkassobüros)
(Straße, Hausnummer)
(Postleitzahl, Stadt)

Als PDF per E-Mail an: (E-Mail-Adresse des Inkassobüros)
Per Fax an: (Faxnummer des Inkassobüros)
Per Einschreiben mit Rückschein

Angelegenheit (Auftraggeber) ./. (Ihr Name)
Ihr Aktenzeichen: (Aktenzeichen des Inkassobüros)
Widerspruch gegen Ihre Forderung vom (Datum) über (Betrag)

Sehr geehrte Damen und Herren,
mit Ihrem Schreiben vom (Datum) fordern Sie einen Betrag in Höhe von (Betrag) von mir. Hiermit widerspreche ich Ihrer Forderung. Diese ist nicht berechtigt, ich werde daher nicht bezahlen.

Sie fordern die Bezahlung einer privaten Vertragsstrafe aus einem angeblichen Parkverstoß von mir. Leider habe ich bis heute nie eine Zahlungsaufforderung Ihrer Mandantschaft erhalten. Bitte beachten Sie, dass ich das Recht habe, zunächst direkt von Ihrer Mandantschaft eine Rechnung zu erhalten. Ohne eine solche Rechnung kann ich weder eine Überprüfung der Rechtmäßigkeit der berechneten Posten vornehmen, noch eine Zahlung bei Anerkennung der Rechnung leisten. Es wäre daher unbedingt erforderlich gewesen, dass ich zunächst direkt von Ihrer Mandantschaft eine Rechnung über die Hauptforderung erhalten hätte, bevor diese über Sie als Inkassounternehmen geltend gemacht wird.

Da bislang keine Rechnung erging, befinde ich mich nicht im Verzug, mithin sind die von Ihnen aufgestellten Verzugskosten nicht zu begleichen. Sollte ich mich Ihrer Ansicht nach dennoch im Verzug befinden, so bitte ich Sie um einen Nachweis des Verzugs. Konkret wäre von Ihrer Seite ein Zugangsnachweis erforderlich, dass ich die Rechnung tatsächlich erhalten habe.

Unabhängig davon ist die von Ihrer Mandantschaft geltend gemachte Hauptforderung über eine Vertragsstrafe wegen angeblichen Parkverstoßes aus rechtlichen Gründen unberechtigt.

(An dieser Stelle führen Sie die einzelnen Punkte auf, die in Ihrem Fall gegen die Geltendmachung einer Vertragsstrafe sprechen. Hierzu nutzen Sie bitte die in Kapitel 2.1 vorgegebenen Formulierungen.)

Ich bitte Sie daher, diese Angelegenheit zu stornieren und keine weiteren Forderungen mehr an mich zu stellen. Bitte haben Sie Verständnis dafür, dass ich keine unberechtigten Forderungen bezahlen möchte.

Rein vorsorglich weise ich darauf hin, dass eine widersprochene Forderung nicht an eine Auskunftei wie beispielsweise die Schufa etc. gemeldet werden darf.

Ich bitte Sie, mir innerhalb von drei Wochen ab Erhalt dieses Schreibens schriftlich mitzuteilen, ob Sie die Angelegenheit weiter verfolgen werden. Sollte ich bis zu diesem Datum keinerlei Reaktion von Ihnen erhalten haben, so gehe ich davon aus, dass Sie diese Angelegenheit nicht weiter verfolgen, und sich diese mit meinem jetzigen Schreiben abschließend erledigt hat.

Bitte erlassen Sie keine weiteren Mahnschreiben und verzichten Sie auf die Beantragung eines gerichtlichen Mahnbescheides. Da ich die Forderung bestreite, könnte auf dem Weg der fortführenden Mahntätigkeit Ihrerseits keine weitere Klärung der Sachlage herbeigeführt werden.

Mit freundlichen Grüßen
(Ihr Name und Unterschrift)
(Ort, Datum)

5.4 Was bewirkt dieser Brief?

Widerspruch gegen die Forderung: Zunächst machen Sie dem Inkassobüro gegenüber deutlich, dass es sich um eine unberechtigte Forderung handelt und Sie dieser widersprechen.

Hinweis, dass Sie nie einen Strafzettel erhalten haben: Dieser Hinweis ist wichtig, denn eigentlich haben Sie das Recht darauf, zunächst direkt von dem Parkplatzbetreiber eine Rechnung zu erhalten. Ist das nicht der Fall, so darf das Inkassounternehmen keine Verzugskosten aufaddieren. Oftmals schickt das Inkassobüro Bilder zu, die der Kontrolleur direkt vor Ort auf dem Parkplatz gemacht hat. Darauf ist Ihr Auto und der an den Scheibenwischer geheftete Strafzettel zu sehen. Bitte lassen Sie sich davon nicht beirren. Das Anbringen eines kleinen Zettels am Auto stellt in rechtlicher Hinsicht keinen nachweisbaren Zugang dar, denn ein Auto bzw. ein Scheibenwischer ist nicht dafür gedacht, empfangsbedürftige Schriftstücke entgegenzunehmen. Ein Vergleich mit einem Briefkasten oder einem Postfach ist nicht möglich. Das wäre ansonsten so, als ob man Ihnen eine Rechnung in den Vorgarten legen könnte. Auch hier würde die Rechnung als nicht zugegangen gelten, denn ein Vorgarten stellt keine dafür vorgesehene Empfangssphäre dar. Ein Auto erst recht nicht. Sollte das Inkassobüro mit Hilfe von Fotos den Zugang behaupten, so können Sie den folgenden Mustertext verwenden: „*Die von Ihnen vorgelegten Fotos stellen keinen Nachweis des Zugangs dar. Alleine durch das Anheften eines Strafzettels an meinem Auto kann kein rechtlich wirksamer Zugang entstehen, da ein Auto grundsätzlich nicht als Empfangssphäre für Dokumente angesehen wird.*"

Rechtliche Einwendungen: Da dieses Schreiben Ihr erstes Widerspruchsschreiben darstellt, müssen Sie alle in Frage kommenden rechtlichen Einwendungen geltend machen. Sie teilen dem Inkassobüro an dieser Stelle mit, warum der Vertrag mit dem privaten Parkplatzbetreiber nicht zustande kam bzw. warum dieser rechtlich fehlerhaft ist. Hierzu nutzen Sie die in Kapitel 2.1 aufgeführten rechtlichen Aspekte und Musterformulierungen.

Bitte um Stornierung: Aufgrund der unberechtigten Zahlungsaufforderung bitten Sie um eine Stornierung. Handelt es sich um ein seriöses Inkassobüro, das den Sachverhalt tatsächlich überprüft und über die rechtliche Situation nachdenkt, so kann es geschehen, dass das Inkassounternehmen an dieser Stelle den weiteren Forderungseinzug abbricht und die Angelegenheit an das ursprüngliche Unternehmen zurück gibt. Das kommt vor allem dann vor, wenn das Inkassobüro sehr eng mit dem ursprünglichen Unternehmen zusammenarbeitet oder von diesem gegründet wurde (es gibt einige Unternehmen auf dem deutschen Markt, die ihre eigenen Inkassodienstleister gründen und offene Forderungen nur über diesen geltend machen).

Hinweis auf Schufa: Eine widersprochene Forderung darf nicht in die Schufa oder eine andere Auskunftei eingetragen werden. Mit diesem Satz weisen Sie klar auf die Rechtslage hin und machen damit deutlich, dass Sie unter keinen Umständen eine Weitergabe Ihrer Daten an eine Auskunftei wünschen.

Fristsetzung zur Stellungnahme: Um das Inkassounternehmen zum Handeln und zur Stellungnahme aufzufordern, setzen Sie diesem eine Frist. Bitte beachten Sie, dass es sich hierbei nicht um eine gesetzliche Frist handelt. Das heißt, nach Ablauf der Frist tritt keine gesetzlich vorgegebene Wirkung ein. Es handelt sich um eine rein privat gesetzte Frist, die die Gegenseite zum Tätigwerden auffordert.

Widerspruch gegen weitere Mahnungen: Da Sie mit dem jetzigen Schreiben Widerspruch gegen die Forderung eingelegt haben, und diesen Widerspruch konsequent aufrecht erhalten werden, würde es für das Inkassobüro wenig Sinn ergeben, wenn es Ihnen noch weitere Mahnungen zukommen lassen würde. Gleiches gilt für den gerichtlichen Mahnbescheid: Dieser kostet Gebühren, macht aber bei einer widersprochenen Forderung wenig Sinn. Die dadurch entstehenden Kosten können verhindert werden, was Sie mit diesem Absatz deutlich machen. In einem Rechtsstreit ist jede Seite dazu verpflichtet, den entstehenden Schaden so gering wie möglich zu halten. Verstößt eine Seite gegen diesen Grundsatz, so kann zu einem späteren Zeitpunkt die Gegenseite nicht zur Übernahme der unnötigen Kosten gezwungen werden.

5.5 Weiteres Vorgehen nach Widerspruch gegen die Inkassomahnung

Trotz des von Ihnen geäußerten Widerspruchs wird das Inkassounternehmen weiterhin versuchen, von Ihnen eine Zahlung zu erhalten. Wie im Kapitel 4 ausführlich beschrieben, hängt das damit zusammen, dass das Inkassounternehmen die Forderung aufgekauft hat und nun versucht, mit Hilfe der Forderung einen Gewinn zu erzielen. Erhaltenes Geld muss das Inkassobüro nicht mehr an den ursprünglichen Auftraggeber weiterreichen, sondern kann dieses selbst behalten.

Es ist daher möglich, dass Sie noch über Monate hinweg regelmäßige Mahnschreiben erhalten. Diese weiteren Inkassomahnungen entfalten keine neue rechtliche Wirksamkeit, sie dienen alleine dazu, Sie einem gewissen Zahlungsdruck auszusetzen.

Meist handelt es sich dabei um computergenerierte Mahnschreiben, das heißt, Ihre Adressdaten sind im System des Inkassodienstleisters hinterlegt und werden in festgelegten Abständen aufgerufen, um ein automatisch erstelltes Mahnschreiben auszudrucken und zu versenden. Dieses trägt nicht einmal mehr die Unterschrift, ein Mensch schaut in vielen Fällen überhaupt nicht mehr darauf.

Es ist eigentlich nicht notwendig, jeder einzelnen dieser Mahnungen zu widersprechen, da Sie bereits einen einmaligen Widerspruch geäußert haben. In rechtlicher Hinsicht reicht es aus, einer unberechtigten Forderung einmalig zu widersprechen.

Aus Erfahrung weiß ich, dass sich viele von unberechtigten Mahnungen bedrohte Mandanten sicherer fühlen, wenn sie den einzelnen Mahnungen jeweils einen weiteren Widerspruch entgegensetzen. Selbstverständlich können auch Sie den weiteren Mahnungen jeweils mit einem Widerspruch entgegnen.

Nutzen Sie für die folgenden Widersprüche lediglich den Versand per E-Mail, ein Einschreiben ist hierfür nicht notwendig, da es sich um eine bereits widersprochene Forderung handelt. Es wäre zu teuer, für jeden einzelnen Widerspruch immer wieder ein Einschreiben mit Rückschein zu versenden.

An
(Name des Inkassobüros)
(Straße, Hausnummer)
(Postleitzahl, Stadt)

Nur per E-Mail an: (E-Mail-Adresse des Inkassounternehmens)

Angelegenheit (Auftraggeber) ./. (Ihr Name)
Ihr Aktenzeichen: (Aktenzeichen des Inkassobüros)
Widerspruch gegen Ihre Forderung vom (Datum) über (Betrag)
Aufrechterhaltung des Widerspruchs

Sehr geehrte Damen und Herren,

hiermit erkläre ich Ihnen den Widerspruch gegen die von Ihnen zugeschickte Mahnung vom (Datum) über einen Betrag von (Betrag). Bereits mit Schreiben vom (Datum) habe ich Ihrer Forderung widersprochen. Dieser Widerspruch wird von mir aufrecht erhalten.

Mit freundlichen Grüßen
(Ihr Name)
(Ort, Datum)

Mit diesem Musterbrief zeigen Sie dem Inkassounternehmen erneut auf, dass Sie die Forderung für unberechtigt halten und nicht bezahlen werden. Im Idealfall gibt der Inkassodienstleister nach einiger Zeit auf und stellt keine weiteren Forderungen an Sie.

Einige Inkassobüros sind jedoch besonders hartnäckig und arbeiten mit Rechtsanwaltskanzleien zusammen. Das Ziel ist es, größtmöglichen Zahlungsdruck auf Sie auszuüben. Bitte machen Sie sich keine Sorgen. Es handelt sich um ein Verfahren, das von zahlreichen Inkassodienstleistern standardisiert angewendet wird. Letztendlich bleibt es bei einer unberechtigten Forderung, die lediglich durch eine weitere neue Institution angemahnt wird. Im folgenden Kapitel 6 schildere ich Ihnen die Vorgehensweise gegen eine Mahnung, die Sie von einer Inkasso-Anwaltskanzlei erhalten.

Andere Inkassounternehmen lassen Ihnen einen „gerichtlichen Mahnbescheid" zukommen, falls dauerhaft keine Zahlung Ihrerseits eingeht. Auch in einem solchen Fall besteht kein Anlass zur Sorge, denn ein Mahnbescheid ist lediglich eine andere Form der Mahnung, der Sie leicht widersprechen können. Sollten Sie einen Mahnbescheid erhalten, so lesen Sie hierzu bitte die in Kapitel 7 geschilderte Vorgehensweise.

6 Widerspruch gegen die Forderung einer Rechtsanwaltskanzlei

Manchmal schaltet sich im Anschluss an das Inkassobüro eine Rechtsanwaltskanzlei ein. Die Kanzlei wird im Normalfall von dem Inkassobüro beauftragt, und nicht vom ursprünglich agierenden Parkplatzbetreiber. Das hängt damit zusammen, dass das Inkassobüro die frühere Forderung vollständig aufgekauft hat und damit selbst zum Inhaber der Forderung wird. Ein rechtsanwaltliches Mahnschreiben kann drei verschiedene Ursachen haben:

Inkassobüro arbeitet unter anderem Briefkopf weiter: Hierbei handelt es sich weiterhin intern um ein Schreiben des ursprünglichen Inkassounternehmens, das den Briefkopf einer Anwaltskanzlei verwendet. Hier existiert eine Zusammenarbeit mit einem Rechtsanwalt, der sich bereit erklärt hat, dem Inkassobüro seinen Kanzleinamen zur Verfügung zu stellen. Das Mahnschreiben ergeht inhaltlich vom Inkassobüro, wird jedoch auf dem Briefbogen der Anwaltskanzlei gedruckt.

Anwaltskanzlei arbeitet als Inkassodienstleister: In diesem Fall gibt es eine Rechtsanwaltskanzlei, die sich darauf spezialisiert hat, Forderungen von größeren Unternehmen einzuverlangen. Die Anwaltskanzlei baut intern eine eigene Inkassoabteilung auf, die die Forderung vom Inkassobüro aufkauft und anschließend selbst geltend macht. Alle Zahlungen gehen der Kanzlei zu, das ursprünglich zuständige Inkassobüro oder das Unternehmen erhält nichts.

Normale Vertretung durch Rechtsanwalt: Eine dritte Möglichkeit ist die, dass die Rechtsanwaltskanzlei auf herkömmlichem Weg das Inkassobüro vertritt, das Inkassounternehmen also die Mandantschaft der Anwaltskanzlei darstellt. Die Kanzlei erhält bei Zahlungseingang die Rechtsanwaltsgebühr, Hauptschuld und weitere Verzugsgebühren fließen dem Inkassounternehmen zu.

Es spielt keine Rolle, welcher Weg intern gewählt wird. Es ändert nichts an dem Umstand, dass es sich um eine unberechtigte Forderung handelt, der Sie bereits widersprochen haben. Das Hinzuziehen einer Rechtsanwaltskanzlei soll weiteren Zahlungsdruck auf Sie ausüben, da sich viele Personen eingeschüchtert fühlen, wenn sie das Schreiben einer Anwaltskanzlei erhalten.

Ich empfehle Ihnen daher, Ihren Forderungswiderspruch konsequent aufrecht zu erhalten und keine Zahlungen an die Rechtsanwaltskanzlei zu leisten. Teilen Sie der Kanzlei einmalig mit, dass es sich um eine unberechtigte Forderung handelt, und dass Sie dieser bereits widersprochen haben. Nutzen Sie hierzu den folgenden Mustertext und fügen das Widerspruchsschreiben in Kopie anbei.

6.1 Musterbrief an die Rechtsanwaltskanzlei

Absender:
(Vorname, Name)
(Straße, Hausnummer)
(Postleitzahl, Stadt)

An
(Name der Rechtsanwaltskanzlei)
(Straße, Hausnummer)
(Postleitzahl, Stadt)

Als PDF per E-Mail an: (E-Mail-Adresse der Kanzlei)
Per Fax an: (Faxnummer der Kanzlei)
Per Einschreiben mit Rückschein

Angelegenheit (Auftraggeber) ./. (Ihr Name)
Ihr Aktenzeichen: (Aktenzeichen der Rechtsanwaltskanzlei)
Widerspruch gegen Ihre Forderung vom (Datum) über (Betrag)

Sehr geehrte Damen und Herren,

mit Ihrem Schreiben vom (Datum) fordern Sie einen Betrag in Höhe von (Betrag) von mir. Hiermit widerspreche ich der Forderung. Diese ist nicht berechtigt, ich werde daher nicht bezahlen.

Die von Ihnen angemahnte Forderung ist ohne vertragliche Grundlage, da kein wirksamer Vertrag abgeschlossen wurde. Insofern ist die Forderung ohne Rechtsgrund. Ich habe bereits gegenüber Ihrer Mandantschaft einen Forderungswiderspruch geäußert. Mein Schreiben vom (Datum) lege ich Ihnen in Kopie anbei.

Ich bitte Sie daher, diese Angelegenheit zu stornieren und keine weiteren Forderungen mehr an mich zu stellen. Bitte haben Sie Verständnis dafür, dass ich keine unberechtigten Forderungen bezahlen möchte.

Rein vorsorglich weise ich darauf hin, dass eine widersprochene Forderung nicht an eine Auskunftei wie beispielsweise die Schufa etc. gemeldet werden darf.

Ich bitte Sie, mir innerhalb von zwei Wochen ab Erhalt dieses Einschreibens schriftlich mitzuteilen, ob Sie die Angelegenheit weiter verfolgen werden.

Sollte ich bis zu diesem Datum keinerlei Reaktion von Ihnen erhalten haben, so gehe ich davon aus, dass Sie diese Angelegenheit nicht weiter verfolgen, und sich jene mit diesem Schreiben abschließend erledigt hat.

Bitte erlassen Sie keine weiteren Mahnschreiben und verzichten Sie auf die Beantragung eines gerichtlichen Mahnbescheides. Da ich die Forderung bestreite, könnte auf diesem Weg der fortführenden Mahntätigkeit Ihrerseits keine weitere Klärung der Sachlage herbeigeführt werden.

Mit freundlichen Grüßen
(Ihr Name und Unterschrift)
(Ort, Datum)

6.2 Weiteres Vorgehen nach Widerspruch gegen die Inkasso-Anwaltskanzlei

Trotz des von Ihnen geäußerten Widerspruchs wird auch die Rechtsanwaltskanzlei weiterhin versuchen, von Ihnen eine Zahlung zu erhalten. Je nach interner Konstellation zwischen Inkassobüro und Anwaltskanzlei versucht entweder nach wie vor das Inkassounternehmen durch Ihre Zahlung Gewinn zu erzielen, oder aber die beauftragte Rechtsanwaltskanzlei.

Es ist daher möglich, dass Sie noch über eine gewisse Zeitspanne hinweg regelmäßige Mahnschreiben erhalten. Es besteht keine Notwendigkeit, jeder einzelnen dieser Mahnungen zu widersprechen, da ein einmaliger Widerspruch gegen unberechtigte Forderungen rechtlich ausreichend ist.

Unabhängig davon können Sie natürlich gegen jede einzelne Mahnung der Anwaltskanzlei Widerspruch einlegen. Manche meiner Mandanten teilten mir mit, dass sie sich sicherer fühlen, wenn gegen jede Einzelmahnung ein Widerspruch eingelegt wird. Sollten auch Sie das wünschen, so ist das verständlich.

Nutzen Sie für die weiteren Widersprüche lediglich den Versand per E-Mail, ein Einschreiben ist hierfür nicht notwendig, da es sich um eine bereits widersprochene Forderung handelt.

An
(Name der Rechtsanwaltskanzlei)
(Straße, Hausnummer)
(Postleitzahl, Stadt)

Nur per E-Mail an: (E-Mail-Adresse der Rechtsanwaltskanzlei)

Angelegenheit (Auftraggeber) ./. (Ihr Name)
Ihr Aktenzeichen: (Aktenzeichen der Inkassokanzlei)
Widerspruch gegen Ihre Forderung vom (Datum) über (Betrag)
Aufrechterhaltung des Widerspruchs

Sehr geehrte Damen und Herren,

hiermit erkläre ich Ihnen den Widerspruch gegen die von Ihnen zugeschickte Mahnung vom (Datum) über einen Betrag von (Betrag). Bereits mit Schreiben vom (Datum) habe ich Ihrer Forderung widersprochen. Dieser Widerspruch wird von mir aufrecht erhalten.

Mit freundlichen Grüßen
(Ihr Name)
(Ort, Datum)

Sie machen mit diesem kurzen Schreiben deutlich, dass Sie Ihren Widerspruch aufrecht erhalten und keine Zahlungen leisten werden. Im Idealfall hört die Inkassokanzlei irgendwann damit auf, Ihnen weitere Mahnungen zuzusenden. Sollte das nicht der Fall sein, so kommt evtl. noch ein gerichtlicher Mahnbescheid auf Sie zu. Bitte lesen Sie hierzu im nächsten Kapitel 7, wie Sie gegen einen Mahnbescheid vorgehen können.

Manchmal gibt die Rechtsanwaltskanzlei die Mahnung zurück an das ursprünglich tätige Inkassounternehmen, so dass Sie dann von diesem erneut Mahnungen erhalten. Manchmal wird ein gänzlich neues Inkassounternehmen beauftragt, das dann die Forderung anmahnt. Bitte lassen Sie sich dadurch nicht beirren und widersprechen derartigen neuen Mahnungen mit den unter Kapitel 3 geschilderten Musterwidersprüchen gegen Inkassomahnungen.

7 Widerspruch gegen einen Mahnbescheid

In einigen Fällen beantragt die Gegenseite einen „gerichtlichen Mahnbescheid". Das ist eine Mahnung, die Sie direkt von einem Gericht erhalten. Bitte machen Sie sich deswegen keine Sorgen, es handelt sich dabei um kein gegen Sie gerichtetes Klageverfahren, sondern nach wie vor lediglich um eine besondere Art von Mahnung.

7.1 Was ist ein gerichtlicher Mahnbescheid?

Einen Mahnbescheid bekommen Sie direkt von der Mahnabteilung eines Amtsgerichts zugeschickt. Meist kommt der Brief in einem gelben Umschlag, auf dem außen das Datum der Zustellung notiert ist. Im Inneren des Briefes finden Sie ein doppelseitiges grau-weißes dickes Papier mit der Überschrift „Mahnbescheid".

Auf der linken Seite in der unteren Hälfte finden sich Angaben zum veranlassenden Unternehmen und der jeweiligen Rechtsanwaltskanzlei oder dem Inkassodienstleister, der das Unternehmen vertritt, sowie deren geltend gemachten Kosten. In der oberen linken Hälfte stehen die Angaben zum versendenden Amtsgericht und dessen Mahnabteilung. Auf der rechten Seite des Mahnbescheids findet sich die Hauptforderung und die Nebenforderungen.

Die Mahnung durch einen Mahnbescheid kann von jedermann bei Gericht "gekauft" werden, sie kostet lediglich ab 23 Euro, und wird von keinem einzigen Richter überprüft. Es ist ein automatisiertes Verfahren, welches online über das Internet beauftragt werden kann.

7.2 Welchem Zweck dient ein Mahnbescheid?

Ursprünglich wollte der Gesetzgeber mit dem Mahnbescheid ein einfaches Verfahren einführen, um dem Gläubiger einen „Titel" zu verschaffen. Ein Titel ist eine Urkunde, mit deren Hilfe die Zwangsvollstreckung in das Vermögen des Schuldners betrieben werden kann.

Im Normalfall entsteht ein solcher Titel dadurch, dass gegen den Schuldner vor Gericht ein Urteil gesprochen wird. Das Urteil stellt einen Titel dar, auf dessen Basis der Schuldner verpflichtet ist, den im Urteil benannten Betrag an den Gläubiger zu bezahlen. Mit Hilfe eines Titels kann der Gläubiger bei Nichtzahlung einen Gerichtsvollzieher beauftragen, der die Zwangsvollstreckung vornimmt. Nur mit Hilfe des Titels kann eine Konto- oder Gehaltspfändung beantragt werden. Zudem hat ein Titel den Vorteil, dass er erst nach 30 Jahren verjährt. Die normale Verjährungsfrist ohne Titel wäre drei Jahre.

Insofern verschafft ein Titel dem Gläubiger ein sehr wichtiges Dokument, um langfristig sein Geld zu erhalten. Ist der Schuldner momentan zahlungsunfähig, so kann der Gläubiger ein paar Jahre abwarten und das Geld später noch einmal verlangen. Immerhin hat er 30 Jahre Zeit. Verweigert der Schuldner die Zahlung, so kann der Gläubiger aufgrund des Titels einen Gerichtsvollzieher beauftragen und damit mit staatlicher Hilfe das geschuldete Geld erlangen.

Nun ist es so, dass nicht jede unbezahlte Forderung gleichzeitig unberechtigt ist. Oftmals erfolgt die Nichtzahlung seitens des Schuldners schlicht und einfach aus dem Grund, weil dieser momentan einen finanziellen Engpass hat. Er erkennt die Forderung zwar als berechtigt an, kann diese zum jetzigen Moment aber nicht bezahlen.

Für den Gläubiger besteht in einem solchen Fall die Gefahr, dass die Forderung nach drei Jahren verjährt. Er benötigt daher die Sicherheit, dass er die Zahlung vom Schuldner noch in vielen Jahren verlangen kann. Dazu braucht er einen rechtskräftigen Titel, der ihm das einfordern des Zahlbetrags innerhalb von 30 Jahren ermöglicht. Es würde sich in solchen Fällen nicht rentieren, ein gerichtliches Klageverfahren anzustrengen, nur um einen Titel zu erhalten. Zudem würde dadurch die Gerichtsbarkeit unnötig belastet.

Um hier Abhilfe zu schaffen, hat der Gesetzgeber das Verfahren des Mahnbescheids erschaffen. Für berechtigte und unbestrittene Forderungen kann der Gläubiger dem Schuldner einen Mahnbescheid zukommen lassen. Anschließend erhält der Schuldner einen Vollstreckungsbescheid, welcher letztendlich einen „Vollstreckungstitel" darstellt, und dem Gläubiger die Möglichkeit gibt, die offene Forderung 30 Jahre lang vom Schuldner zur Zahlung zu verlangen.

7.3 Warum wird ein Mahnbescheid zweckentfremdet?

Inzwischen nutzen immer mehr Inkassounternehmen und Inkassokanzleien den Mahnbescheid dazu, um zusätzlichen Zahlungsdruck auf den vermeintlichen Schuldner aufzubauen. Selbst wenn es sich um eine unberechtigte Forderung handelt, die der Schuldner durch Widerspruch eindeutig bestritten hat, lassen sie diesem einen gerichtlichen Mahnbescheid zukommen.

Warum? Nun, auf viele macht es natürlich Eindruck, wenn plötzlich eine Zahlungsaufforderung von Gericht kommt. Die wenigsten wissen, dass die Forderung überhaupt nicht durch das Gericht überprüft wurde. Sie fürchten, dass das gerichtliche Klageverfahren bereits begonnen hat, und zahlen die unberechtigte Forderung.

Damit wird der Mahnbescheid zweckentfremdet. Bereits an der Universität lernt jeder Jurist, dass ein Mahnbescheid bei widersprochenen Forderungen nicht eingesetzt werden sollte. Leider missachten viele Inkassobüros und Rechtsanwaltskanzleien diesen Grundsatz und nutzen das Mahnbescheidsverfahren einzig und alleine um dem Schuldner Angst zu machen und ihn auf unseriöse Weise zur Zahlung zu bewegen.

7.4 Darf ein Mahnbescheid ergehen, trotz Widerspruch gegen die Forderung?

Wie eben geschildert ist ein Mahnbescheid grundsätzlich nur für berechtigte und unbestrittene Forderungen gedacht, also Schuldbeträge, gegen die kein Widerspruch eingelegt wurde. Handelt es sich um einen vernünftigen und seriösen Anwalt, so wird er bei einer bestrittenen Forderung keinen Mahnbescheid beantragen.

Erlaubt wäre es natürlich, der Mahnbescheid kann in rechtlicher Hinsicht auch bei widersprochenen Forderungen zum Einsatz kommen. Haben Sie gegen eine Forderung Widerspruch eingelegt, und erhalten dennoch einen Mahnbescheid, so können Sie daran erkennen, dass Sie es mit einem unseriösen Inkassounternehmen oder einer unseriösen Anwaltskanzlei zu tun haben.

7.5 Wie lege ich gegen den Mahnbescheid Widerspruch ein?

Dem Mahnbescheid liegt eine Erläuterung und ein Widerspruchsformular bei. Auf diesem Formular, meist in orange-rosaner Farbe gedruckt, müssten Sie ein einziges Kreuzchen bei "Ich widerspreche dem Anspruch insgesamt" setzen, unten rechts auf dem Feld „Unterschrift" unterschreiben, Ihre Absenderadresse unten links im Feld „Bezeichnung des Absenders" einsetzen und umgehend an das Gericht zurücksenden, von dem der Mahnbescheid kam.

Der Widerspruch muss innerhalb von zwei Wochen rechtzeitig bei Gericht eingegangen sein. Das ist sehr wichtig. Ich empfehle eine Zusendung vorab per Fax, zusätzlich zur normalen Post. Damit ist der Mahnbescheid widersprochen und kann keine Rechtskraft entfalten.

7.6 Soll ich einen Komplett- oder Teilwiderspruch einlegen?

Bitte widersprechen Sie immer dem gesamten Anspruch. Legen Sie auf keinen Fall lediglich einen Teilwiderspruch ein. Sonst entsteht hinsichtlich des Anteils, dem Sie im Mahnbescheid nicht widersprochen haben, eine berechtigte Forderung, die dann in Rechtskraft erwächst und von Ihnen einverlangt werden kann.

Das große Problem an einem Teilwiderspruch ist dasjenige, dass unseriöse Inkassounternehmen bzw. Inkassokanzleien hinsichtlich des Teilbetrags einen Schufa-Negativeintrag veranlassen. Dieses Risiko ist zu hoch. Sollte ein Teil der Forderung, die im Mahnbescheid benannt wird, tatsächlich berechtigt sein, so legen Sie dennoch gegen den Gesamtbetrag Widerspruch ein, und klären den berechtigten Anteil direkt mit dem Inkassodienstleister, evtl. im Rahmen einer gütlichen Einigung.

7.7 Reaktion des Inkassounternehmens nach Widerspruch gegen den Mahnbescheid

In einigen Fällen reagiert das Inkassounternehmen oder die beauftragte Anwaltskanzlei mit einem weiteren Schreiben an den vermeintlichen Schuldner, in dem darauf hingewiesen wird, dass ein Widerspruch eingelegt wurde. Im selben Schreiben bittet das Inkassobüro um eine Begründung, warum dem Mahnbescheid widersprochen wurde, und fordert Sie zur Rücknahme des Widerspruchs auf. Manchmal wird sogar ein Formular beigefügt, mit Hilfe dessen der Widerspruch beim Mahngericht zurückgenommen werden soll.

Bitte leisten Sie dieser Aufforderung in keinem Fall Folge. Natürlich kennt das Inkassounternehmen bereits den Grund für Ihren Widerspruch, es verwendet lediglich ein Standardschreiben um Sie erneut zu verunsichern und Sie für eine Rücknahme des Widerspruchs zu überzeugen. Auf das Schreiben des Inkassounternehmens können Sie wie folgt per E-Mail reagieren:

An
(Name des Inkassobüros)
(Straße, Hausnummer)
(Postleitzahl, Stadt)

Nur per E-Mail an: (E-Mail-Adresse des Inkassounternehmens)

Angelegenheit (Auftraggeber) ./. (Ihr Name)
Ihr Aktenzeichen: (Aktenzeichen des Inkassobüros)
Widerspruch gegen Ihren Mahnbescheid vom (Datum) über (Betrag)
Aufrechterhaltung des Widerspruchs

Sehr geehrte Damen und Herren,

ich habe gegen den Mahnbescheid Widerspruch eingelegt, da es sich um eine vollständig unberechtigte Forderung handelt. Das ist Ihnen bereits bekannt, der Forderung wurde schriftlich widersprochen, mit der entsprechenden rechtlichen Begründung. Weitere Stellungnahmen meinerseits werden hierzu nicht erfolgen. Sollten Ihrerseits erneut Mahnschreiben ergehen, so werde ich hierauf nicht mehr reagieren. Ich halte meinen Widerspruch konsequent aufrecht, eine Zahlung wird nicht erfolgen.

Mit freundlichen Grüßen
(Ihr Name)
(Ort, Datum)

In vielen Fällen erfolgt nach dieser hier beschriebenen Mahnung kein weiteres Schreiben mehr, das Inkassounternehmen bucht die Forderung dann intern als uneinbringlich aus. Erhalten Sie dennoch weitere Mahnschreiben, so setzen Sie diesen wie unter Punkt 3.3 geschildert einen kurzen Widerspruch per E-Mail entgegen.

8 Informationen zur Schufa

8.1 Was macht die Schufa?

Die Schufa ist ein privates Unternehmen das die ihr zur Verfügung gestellten Daten von Privatpersonen sammelt und anderen Unternehmen zur Verfügung stellt. Sie erhält dabei nur von denjenigen Unternehmen Daten, die zuvor einen Vertrag mit der Schufa geschlossen haben. Nicht jedes Unternehmen in Deutschland arbeitet automatisch mit der Schufa zusammen, und die Schufa erhält nicht von jedem Unternehmen automatisch Auskunft über alle Daten der Kunden.

So manch ein dubioses Unternehmen, das seinem Kunden vorschnell mit einem Schufa-Eintrag droht, hat in Wahrheit gar keinen Vertrag mit der Schufa abgeschlossen und kann keinen Eintrag in das Schufa-Verzeichnis veranlassen. Die Unternehmen, die Daten von der Schufa erhalten, müssen das zuvor per Vertrag mit der Schufa geregelt haben.

Sinn und Zweck des ganzen ist der, dass mit Hilfe der Schufa jedes Unternehmen eine gewisse Sicherheit in der vertraglichen Zusammenarbeit mit dem neuen Kunden erhält. Zu bedenken ist, dass ein neuer Kunde für ein Unternehmen zunächst einmal ein unbeschriebenes Blatt ist. Es kennt ihn nicht und es kennt seine Vorgeschichte nicht, vor allem weiß es wenig über seine Zahlungsmoral. Soll es diesem Unbekannten Geld leihen, ein Konto eröffnen, einen Flachbildfernseher finanzieren oder ihm einen Handyvertrag zur Verfügung stellen?

Da dies ein gewisses Wagnis ist, freut sich jedes Unternehmen, wenn jemand anderes ihm diesen neuen unbekannten Kunden ein wenig näher beschreibt. Genau das ist die Aufgabe der Schufa. Sie versorgt die Unternehmen in Deutschland mit Informationen über unbekannte Kunden und erleichtert somit das Zustandekommen von Verträgen. Ähnlich verhält es sich mit den anderen großen Auskunfteien in Deutschland.

Die Schufa selbst sammelt keine Daten, sie speichert nur diejenigen Daten ab, die ihr von den Unternehmen, die Vertragspartner der Schufa sind, zur Verfügung gestellt werden. Selbst wird die Schufa nicht aktiv.

Aufgrund der an die Schufa übermittelten Daten werden im jeweiligen Datenbestand einer Person positive oder negative Einträge veranlasst. Positive Schufa-Einträge sind alle Ihre persönlichen und finanziellen Rahmendaten, also Ihr Name, Ihre Anschrift, Ihre Bankkonten, Ihre Leasingverträge, Ihre Handyverträge etc. Grob gesagt, alle Daten die für die Schufa relevant erscheinen, bei denen aber bislang keine Probleme aufgetreten sind. Die negativen Schufa-Einträge sind die Daten, bei denen es Probleme mit Ihrem Zahlungsverhalten gab. Immer dann, wenn Sie einer Zahlungsverpflichtung unregelmäßig oder gar nicht nachkommen, kann ein negativer Schufa-Eintrag entstehen.

8.2 Wann kommt es zu einem negativen Schufa-Eintrag?

Zu einem negativen Schufa-Eintrag kommt es in der Regel dann, wenn Sie Ihren vertraglich festgelegten Zahlungsverpflichtungen nicht nachkommen.

Allerdings darf in so einem Fall nicht sofort ein Schufa-Eintrag erfolgen. Zunächst müssen Sie zwei Mahnungen erhalten, und zwischen diesen müssen mindestens vier Wochen liegen. Wichtig ist zu wissen, dass die beiden Mahnungen sehr konkret formuliert sein sollten, sowie auf den drohenden Schufa-Eintrag hinweisen und eine Fristsetzung enthalten müssen.

Da auch eine unberechtigte Forderung in das Schufa-Verzeichnis eingetragen werden kann, wenn dagegen kein Widerspruch eingelegt wurde, sollten Sie eine ungerechtfertigte Forderung auf jeden

Fall bestreiten, das heißt, schriftlich per E-Mail mit Empfangsbestätigung, per Einschreiben mit Rückschein, oder per Fax mit Sendeberichtsbestätigung einen Widerspruch einlegen.

Ansonsten darf die Eintragung eines negativen Schufa-Eintrags dann erfolgen, wenn die offene Rechnung rechtskräftig festgestellt ist. Das heißt, wenn entweder ein gerichtliches Urteil über die Forderung ausgesprochen wurde, die Rechtsmittelfrist abgelaufen ist (die Rechtsmittelfrist ist der Zeitraum, in dem gegen das Urteil ein Rechtsmittel eingelegt werden darf, also Berufung oder Revision), und dennoch die Forderung vom Beklagten nicht bezahlt wird. Oder wenn ein gerichtlicher Mahnbescheid und ein gerichtlicher Vollstreckungsbescheid ergingen, und weder Widerspruch noch Einspruch dagegen eingelegt wurden.

8.3 Warum droht kein Schufa-Eintrag seitens der Parkraumüberwachung?

Wenn Sie den Angaben in meinem Ratgeber folgen, droht Ihnen kein Schufa-Negativeintrag. Mit Hilfe der Musterbriefe widersprechen Sie von Anfang an den unberechtigten Forderungen des Parkplatzbetreibers. Widersprochene Forderungen sind nicht in die Schufa eintragbar.

Zudem versenden Sie Ihre Widerspruchsschreiben so, dass Sie eine Empfangsbestätigung erhalten. Das bedeutet, dass Sie den jeweiligen Widerspruch konkret nachweisen können.

In seltenen Fällen kommt es leider doch zu einem Schufa-Eintrag, obwohl die Forderung bestritten wurde. Bitte machen Sie sich in einem solchen Fall keine Sorgen, der Eintrag kann schnell wieder gelöscht werden. Hierzu müssen Sie der Schufa lediglich nachweisen, dass Sie der eingetragenen Forderung widersprochen haben.

Schicken Sie hierzu Ihre bereits ergangenen Widerspruchsschreiben in Kopie an die Schufa und legen den Rückschein des Einschreibens oder den Fax-Sendebericht in Kopie anbei. Fügen Sie evtl. ergangene Antwortschreiben in Kopie hinzu, und drucken Sie die von Ihnen verschickten Widerspruchs-E-Mails aus.

Anhand des von Ihnen vorgelegten Schriftverkehrs kann die Schufa erkennen, dass es sich um eine unberechtigte Forderung handelt, der Sie von Anfang an widersprochen haben. Die Schufa nimmt dann umgehend eine Löschung des Negativeintrags vor.

Ich habe derartige versehentliche Einträge im Laufe meiner Kanzleitätigkeit immer wieder einmal erlebt, und kann dementsprechend bestätigen, dass die Löschung nach Hinweis auf den Widerspruch tatsächlich schnell erfolgt.

8.4 Musterbrief, um einen versehentlichen Schufa-Eintrag löschen zu lassen

Sollte es bei Ihnen zu einem unberechtigten Eintrag gekommen sein, so nutzen Sie den folgenden Musterbrief, um diesen wieder löschen zu lassen:

Absender:
(Vorname, Name)
(Straße, Hausnummer)
(Postleitzahl, Stadt)

An die
Schufa Holding AG
Kormoranweg 5
65201 Wiesbaden

Vorab per Fax an: 0611 - 92 78 109
Vorab als PDF per E-Mail an: meineschufa@schufa.de und an dokumente@schufa.de
Per Einschreiben mit Rückschein

Schufa-Kundennummer: (Ihre Schufa-Kundennummer)
Bitte um Löschung Negativeintrag

Sehr geehrte Damen und Herren,

Laut der aktuellen Schufa-Auskunft wird ein Eintrag bei Ihnen geführt, der unberechtigt und damit rechtswidrig ist:
Eintrag von: (Name des eintragenden Unternehmens)
Kontonummer: (Kontonummer des Schufa-Eintrags)
Gemeldeter Forderungsbetrag: (Eingetragener Betrag)
Datum des Ereignisses: (Datum des Eintrags)

Hierbei handelt es sich um eine unberechtigte Forderung, gegen die ich bereits Widerspruch eingelegt habe. Ich füge Ihnen mein Widerspruchsschreiben vom (Datum) anbei, als auch den gesamten weiteren Schriftverkehr. Ich bitte Sie, zeitnah eine Löschung vorzunehmen. Haben Sie für Ihre Bemühungen vielen Dank.

Mit freundlichen Grüßen
(Ihre Unterschrift)
(Ort, Datum)

Nach Erhalt dieses Schreibens führt die Schufa eine Überprüfung der eingereichten Widerspruchsdokumente durch und wendet sich anschließend schriftlich an Sie, um die Löschung zu bestätigen. Weitere Eintragungen drohen dann nicht, da die Schufa Kenntnis über den bereits erfolgten Widerspruch erlangt hat.

9 Rechtliche Erläuterungen und Hinweise

In diesem Kapitel finden Sie weitere Erläuterungen zu wichtigen Fragen rund um die private Parkplatzkontrolle. Zudem gebe ich Ihnen kurze Erklärungen zu den wichtigsten Paragraphen, die in diesem Ratgeber erwähnt wurden. Ich habe dabei die für Sie relevanten Absätze einer Norm abgedruckt, die eher unwichtigen zugunsten eines besseren Verständnisses weggelassen. Über die Internetseite „www.gesetze-im-internet.de" können Sie jederzeit den vollständigen Text einer Vorschrift nachlesen. Das Bürgerliche Gesetzbuch habe ich mit der gebräuchlichen Form „BGB" abgekürzt.

9.1 Wie lange soll ich meine Unterlagen aufbewahren?

Sind Sie gegen die Forderung des Parkraumbetreibers vorgegangen, so haben sich aus dieser Angelegenheit mehrere Schriftstücke ergeben. Unabhängig vom Ausgang des Rechtsstreits möchte ich Sie bitten, sämtliche Unterlagen nach Datum sortiert in einem extra Ordner abzuheften und dort fünf Jahre aufzubewahren.

Das klingt nach einem langen Zeitraum, hängt aber unmittelbar mit den gesetzlichen Verjährungsvorschriften des BGB zusammen. Die allgemeine Verjährungsfrist beträgt drei Jahre und beginnt mit dem 01. Januar des auf die Entstehung der Forderung folgenden Jahres. Datiert der Ihnen ausgestellte private Strafzettel beispielsweise auf den 15.10.2014, so beginnt die Verjährung am 01.01.2015 und endet am 31.12.2017. Durch weitere Maßnahmen, wie z.B. den Erlass eines gerichtlichen Mahnbescheids, kann die Verjährungsfrist zudem für einige Monate gehemmt werden.

Datiert die Forderung nun auf den Januar eines Jahres, so vergeht knapp ein ganzes Jahr, bis die Verjährung überhaupt anläuft. Anschließend vergehen drei weitere Jahre, in der die Verjährungsfrist regulär abläuft, so dass der Zeitraum schon beinahe vier Jahre beträgt. Liegen weitere verjährungshemmende Ereignisse vor, können selbst diese jene Jahre überschritten werden. Aus diesem Grund empfehle ich, um ganz sicher zu gehen, eine Aufbewahrungsdauer von fünf Jahren.

9.2 Wie versende ich einen Forderungswiderspruch korrekt?

Das entscheidende an Ihrem Widerspruch muss sein, dass dieser die Gegenseite tatsächlich erreicht, und Sie diesen Zugang später nachweisen können. Hierzu gibt es mehrere Möglichkeiten:

Normaler Brief: Vom Versand Ihres Widerspruchs per einfacher Post rate ich ab. Normale Briefe, die nicht per Einschreiben verschickt sind, werden von manchen Unternehmen einfach ignoriert. Der Versender hat später keine Möglichkeit, den Zugang des Briefs beim Empfänger nachzuweisen.

Einschreiben: Bei einem Einschreiben übergibt der Postbote den Brief direkt an den angeschriebenen Empfänger bzw. an einen Mitarbeiter des Unternehmens. Diese Person muss dem Briefträger per Unterschrift bestätigen, dass sie das Schreiben erhalten hat. Erst nach Erhalt der Unterschrift darf der Postbote den Brief übergeben. Der Nachteil bei einem Einschreiben ist der, dass man selbst keine Rückbestätigung direkt vom Empfänger erhält, die den Zugang bestätigt. Die angeschriebene Firma könnte daher behaupten, dass sie nie einen Brief von Ihnen erhalten hat, da der Postbote möglicherweise den Brief an eine andere Person oder bei einem anderen Unternehmen abgab. Dieses Argument ist unrealistisch, da der Briefträger sein Einzugsgebiet kennen sollte. Vor allem Unternehmen, die regelmäßig Post erhalten, wird der Postbote nicht verwechseln. Dennoch bleibt eine Restunsicherheit.

Einschreiben mit Rückschein: Eine der sichersten Methoden ist die, einen schriftlichen Forderungswiderspruch per Einschreiben mit Rückschein zu versenden. Hierbei erhält das Unternehmen neben Ihrem Brief eine kleine rosa Postkarte, die es unterschreiben muss. Die Post vermerkt auf dieser Rückscheins-Postkarte das Datum, an dem der Brief das Unternehmen erreicht hat. Anschließend geht die Postkarte mit Datumsvermerk und Unterschrift an Sie zurück.

Damit erhalten Sie einen Nachweis, der besagt, dass Ihr Widerspruch tatsächlich bei der Gegenseite angekommen ist. Diesen Rückschein heften Sie an die Kopie Ihres Widerspruchsschreibens, so dass dieser nicht verloren geht und dem konkreten Schreiben zugeordnet werden kann. Sollte später der Gegner verneinen, jemals einen Forderungswiderspruch erhalten zu haben, so können Sie ihm eine Kopie des Rückscheins zusenden, und damit Ihren Widerspruchsversand nachweisen.

Eine Restunsicherheit in Bezug auf den Versand per Einschreiben-Rückschein bleibt: Die Gegenseite könnte behaupten, dass in dem erhaltenen Briefkuvert überhaupt kein Brief oder ein gänzlich anderer Brief war. Sie können per Einschreiben lediglich beweisen, dass Sie irgend einen Brief an den Gegner geschickt haben, nicht aber dessen Inhalt.

Um dieses Problem zu umgehen, können Sie einen Zeugen hinzuziehen, während Sie Ihr Widerspruchsschreiben in das Briefkuvert stecken. Der Zeuge kann später bestätigen, dass Sie tatsächlich den Rechnungswiderspruch abgeschickt haben, und nicht ein leeres Kuvert oder einen anderen Brief. Haben Sie keine andere Person in der Nähe, die den Versand des Einschreibens bezeugen kann, so könnten Sie zumindest ein Foto oder Video mit Ihrer Digitalkamera oder der Handykamera machen, das das Widerspruchsschreiben neben dem bereits adressierten Briefkuvert zeigt. Damit wird deutlich gemacht, dass Sie mit großer Wahrscheinlichkeit tatsächlich den auf dem Foto sichtbaren Brief anschließend in das Kuvert gesteckt haben.

Einwurf-Einschreiben: Besitzt die Gegenseite keine reale Adresse, sondern nur ein Postfach, so bietet sich das Einwurf-Einschreiben an. Hierbei legt der Postbote Ihren Brief in das Postfach und bestätigt dies mit seiner Unterschrift. Sie erhalten damit den Nachweis, dass Ihr Schreiben tatsächlich in den Briefkasten des Empfängers gelangt ist. Der Nachteil daran ist der, dass die Gegenseite behaupten könnte, dass sie nie ein Schreiben erhalten hat, weil der Postbote den Brief möglicherweise in einen falschen Briefkasten oder ein falsches Postfach gelegt hat. Meines Erachtens ist das jedoch ein unrealistisches Argument, da der Postbote im Regelfall seinen Zustellbezirk und die Briefkästen bzw. Postfächer gut kennt. Gerade ein Unternehmen erhält regelmäßig Post, so dass der Briefträger weiß, was er tut. Unabhängig davon haben Sie keine andere Wahl, wenn die Firma lediglich eine Postfachadresse hat. Sie können nicht einmal ein normales Einschreiben verwenden, da keine Person da ist, die den Erhalt des Einschreibens per Unterschrift quittiert. Für einen ordnungsgemäßen Zugangsnachweis müssen Sie daher das Einwurf-Einschreiben verwenden.

Fax mit Sendeberichtsbestätigung: Versenden Sie einen Forderungswiderspruch per Fax, so stellt Ihnen das Faxgerät nach erfolgreichem Versand eine Sendeberichtsbestätigung aus. Diese zeigt an, dass Sie das Fax erfolgreich verschickt haben, das Datum, die Uhrzeit und die Empfängerrufnummer. Diesen Sendebericht heben Sie bitte gut auf und heften ihn an die Kopie Ihres Widerspruchsschreibens.

Der Nachteil an einem Faxversand ist der, dass Sie nicht wissen können, ob das Fax tatsächlich bei der Gegenseite angekommen ist. Hatte das Faxgerät des Empfängers beispielsweise einen Papierstau oder eine sonstige Fehlfunktion, so erhalten Sie zwar das „ok" auf Ihrem Sendebericht, das Fax ist in Wirklichkeit aber unlesbar beim Unternehmen eingegangen.

Daher bietet der Faxversand eine hohe Wahrscheinlichkeit, dass die andere Seite Ihren Rechnungswiderspruch erhalten hat, aber keinen letztendlichen Beweis.

Vorbeugend könnten Sie Ihr Schreiben zweimalig per Fax im Abstand von 30 Minuten versenden, oder sogar im Abstand von einem Tag. Damit liegen Ihnen zwei Sendeberichtsbestätigungen vor, und es wäre unrealistisch, dass das Faxgerät der Gegenseite an beiden Tagen eine Fehlfunktion hatte.

Versand als PDF im E-Mail-Anhang: Ihr Widerspruch kann von Ihnen inkl. Unterschrift als PDF eingescannt und dann als E-Mail-Anhang an die Gegenseite geschickt werden. Ein E-Mail-Versand ist mit dem normalen Postversand vergleichbar, da er keinen Nachweis des Zugangs bietet. Es besteht immer die Gefahr, dass die E-Mail aufgrund von technischen Problemen nicht oder sehr spät ihr Ziel erreicht, außerdem kann diese im Spam-Filter des Unternehmens landen. Allerdings spricht eine hohe Wahrscheinlichkeit dafür, dass Ihre E-Mail mit dem Forderungswiderspruch das Ziel erreicht.

Um später belegen zu können, dass Sie die Mail tatsächlich verschickt haben, und diese das Ziel erreicht hat, empfehle ich Ihnen die folgenden Maßnahmen: Setzen Sie in Kopie, also in „CC", einen Freund/Bekannten als weiteren Empfänger, und sich selbst, wenn Sie eine zweite E-Mail-Adresse führen. Diese Nachweise durch Zeugenaussage und E-Mail-Empfangs-Ausdruck können später helfen, den Zugang des Rechnungswiderspruchs zu belegen.

Nutzen Sie für Ihre E-Mail eine Betreffzeile, die nur wenige unproblematische normale Wörter enthält, damit die Mail nicht im Spam-Filter landet. Beispielsweise können Sie als Betreff „Widerspruch", „Widerspruch Forderung" oder „Widerspruch Mahnung" verwenden.

Schließlich sollten Sie die E-Mail mehrmals versenden, beispielsweise dreimalig im Abstand von jeweils zehn Minuten und unterschiedlichen Betreffzeilen. Damit liegt die Wahrscheinlichkeit, dass Ihr Rechnungswiderspruch den Empfänger erreicht, sehr hoch.

Persönliche Übergabe: Die effektivste Möglichkeit, einen Forderungswiderspruch zuzustellen, ist die persönliche Übergabe. Befindet sich in Ihrer Stadt zufällig der Firmensitz oder zumindest eine Filiale des Unternehmens, so können Sie den Widerspruch direkt dort abgeben. Fertigen Sie hierzu eine Kopie von Ihrem Schreiben an. Das Original geben Sie ab und lassen sich auf Ihrer Kopie mit Unterschrift, Datum, Stempel und dem Vermerk „Schreiben erhalten" die Übergabe bestätigen.

Damit steht nachweislich fest, dass Sie den Forderungswiderspruch tatsächlich abgegeben haben. Wenn Sie zu der Übergabe noch einen Zeugen mitnehmen, so erhalten Sie eine weitere Nachweismöglichkeit für den Zugang. Bei einer persönlichen Übergabe könnte alleine das Argument, dass Unterschrift und Stempel gefälscht wurden, entgegen gehalten werden. Dieser Einwand kommt zwar selten vor, ein Zeuge kann dann jedoch bestätigen, dass der Brief wirklich abgegeben wurde.

Welche Versandmethode ist die beste?

Meine Empfehlung lautet, eine Kombination von verschiedenen Versandmethoden anzuwenden. Damit gehen Sie den sichersten Weg. Wenn Sie den Forderungswiderspruch auf drei Wegen gleichzeitig verschicken, kann später kaum jemand behaupten, den Brief nie erhalten zu haben.

Machen Sie es daher so: Scannen Sie Ihr Schreiben ein und versenden dieses als PDF im E-Mail-Anhang an die Gegenseite. Anschließend verschicken Sie den Brief als Fax, und schließlich per Einschreiben mit Rückschein. Viele Ladengeschäfte oder Internetcafes bieten den Faxversand für 50 Cent oder einen Euro an, sollten Sie nicht selbst über ein Faxgerät verfügen. Inzwischen gibt es auch online die Möglichkeit, Faxe über das Internet kostenlos oder für wenige Cent zu versenden.

Erhalten Sie bereits im Anschluss an den E-Mail-Versand eine E-Mail-Eingangsbestätigung, so würde diese schon ausreichen, um den Zugang Ihres Schreibens nachzuweisen. Aus Gründen der Sicherheit können Sie aber dennoch ein Fax folgen lassen. Ein Einschreiben ist dann nicht mehr notwendig, da Sie sowohl die Eingangsbestätigung der E-Mail haben, als auch die Sendeberichtsbestätigung vom Fax.

Erteilt die Gegenseite keine Eingangsbestätigung für Ihre E-Mail, so müssen Sie als zweiten Schritt den Faxversand wählen, und auf den Erhalt des Sendeberichts achten. Gibt die Gegenseite keine Faxnummer an, so bleibt Ihnen nur noch das Einschreiben mit Rückschein. Ist nur eine Postfachadresse vorhanden, so verwenden Sie das Einwurf-Einschreiben.

Ist der erste Widerspruch auf diese Weise verschickt, und besitzen Sie eine Bestätigung über den Zugang (E-Mail-Eingangsbestätigung, Fax-Sendebericht oder Einschreiben), so haben Sie das wichtigste getan. Für weitere Schreiben reicht dann sogar eine E-Mail aus. Sie müssen nicht jedes einzelne Schreiben dreifach versenden, es kommt immer nur darauf an, dass Sie den ersten Widerspruch derartig auf den Weg bringen. Damit ist der Widerspruch zweifelsfrei nachweisbar, und ein einziger Widerspruch reicht aus, um eine Forderung rechtssicher zu bestreiten.

Warum ist ein Widerspruch so wichtig?

Durch den Widerspruch geben Sie bekannt, dass die Forderung unberechtigt ist und Sie diese nicht bezahlen werden. Verweigern Sie die Zahlung, ohne einen schriftlichen Widerspruch einzulegen, kann das Unternehmen nicht erkennen, warum Sie nicht bezahlen.

Zudem sorgt der Widerspruch dafür, dass es sich um eine „bestrittene Rechnung" handelt. Bestrittene Forderungen werden normalerweise nicht an einen Inkassodienstleister weitergegeben, da viele Inkassounternehmen laut ihren eigenen Geschäftsbedingungen nur unbestrittene Forderungen annehmen dürfen. Leider beobachte ich es immer wieder, dass sich einige Unternehmen und Inkassobüros nicht an diesen Grundsatz halten und selbst für bestrittene Rechnungen Inkassomahnungen versenden.

Wichtig ist außerdem, dass eine bestrittene Forderung nicht an die Schufa oder an andere Auskunfteien gemeldet werden darf. Können Sie den schriftlichen Widerspruch später beweisen, so löscht die Schufa eine bereits eingetragene Forderung wieder.

Warum reicht ein mündlicher Widerspruch nicht aus?

Der Nachteil an mündlichen bzw. telefonischen Widersprüchen ist der, dass Sie keinen Beweis darüber haben. In vielen Fällen müssen Sie zu einem späteren Zeitpunkt nachweisen, dass Sie der Rechnung widersprochen haben. Wurde Ihr Widerspruch lediglich telefonisch oder im Rahmen eines Gesprächs eingelegt, so müssten Sie Ihre Unterredung oder das Telefonat mit Hilfe eines Zeugen beweisen, der evtl. bei dem Gespräch anwesend war. Oft hat man keinen Zeugen, und Telefonate, die durch einen Zeugen bestätigt werden, werden von Gerichten nicht immer als Beweis anerkannt. Ein Nachweis des mündlichen Widerspruchs gegen die Rechnung kann daher schwierig sein.

Besonders Anrufe bei der telefonischen Hotline eines Unternehmens stellen keinen wirksamen Widerspruch dar. Zwar erhält der Kunde zu Beginn des Gesprächs den Hinweis, dass das Telefonat aufgezeichnet wird, diese Aufzeichnung liegt später aber nur der Firma vor, nicht dem Kunden. Damit kann der Kunde die Telefonaufzeichnung nicht für sich als Beweis des Widerspruchs verwenden.

Außerdem sind die Ansprechpartner am anderen Ende der Hotline meist lediglich Mitarbeiter eines Call-Centers. Das heißt, der Kunde gelangt mit seinem Anruf nicht in das Unternehmen direkt hinein, zu einem evtl. für sein Anliegen zuständigen Mitarbeiter, sondern nur zu einem Call-Center-Angestellten. Diese teilen dem Kunden mit, dass die Rechnungsreklamation registriert sei, geben dem Anrufer hierzu aber keinen schriftlichen Nachweis. So hat der Kunde der unberechtigten Forderung widersprochen, kann den Widerspruch aber nicht beweisen. Kommt es später zu einem Rechtsstreit, wird der Call-Center-Mitarbeiter eher zugunsten seines Auftraggebers aussagen, nicht zugunsten des Kunden. Das bedeutet, dass im Zweifel der Hotline-Mitarbeiter sagen wird, dass kein Widerspruch gegen die Rechnung oder Mahnung eingegangen sei. Ich habe dieses Verhalten in meiner Tätigkeit als Rechtsanwalt leider bereits oft erlebt, so dass ich von lediglich telefonischen Einwendungen dringend abrate.

9.3 Anfechtung aufgrund eines Irrtums (§119 BGB)

Wenn Sie versehentlich einen Vertrag eingehen, den Sie überhaupt nicht abschließen wollten, besteht für Sie die Möglichkeit, den Vertrag wegen Irrtums anzufechten. Eine Anfechtung beseitigt den Vertragsschluss von Anfang an und macht ihn vollständig nichtig. Im Anschluss an eine Anfechtung werden Sie so gestellt, als ob Sie den Vertrag niemals abgeschlossen hätten.

Die Anfechtung wegen Irrtums findet sich in §119 Absatz 1 BGB: *„Wer bei der Abgabe einer Willenserklärung über deren Inhalt im Irrtum war oder eine Erklärung dieses Inhalts überhaupt nicht abgeben wollte, kann die Erklärung anfechten, wenn anzunehmen ist, dass er sie bei Kenntnis der Sachlage und bei verständiger Würdigung des Falles nicht abgegeben haben würde."*

Voraussetzung ist, dass Sie sich beim Abschluss des Vertrages darüber geirrt haben, was Sie eigentlich abschließen. Gehen Sie beispielsweise davon aus, dass Sie einen Vertrag mit ausschließlich kostenlosen Leistungen vereinbaren, tatsächlich handelt es sich aber ohne Ihr Wissen um kostenpflichtige Leistungen, so unterliegen Sie bei Vertragsschluss einem Irrtum. Sie haben sich über den Inhalt des Vertrags geirrt, da Sie zu Zahlungen verpflichtet werden, obwohl Sie von kostenlosen Leistungen ausgingen. Oder aber Sie bemerken im Extremfall überhaupt nicht, dass Sie einen Vertrag abgeschlossen haben. Sie befanden sich dann im Irrtum darüber, dass Ihre Willenserklärung einen Vertragsschluss auslöst.

Wichtig ist, dass Sie die Anfechtung umgehend erklären, nachdem Sie von dem Irrtum erfahren haben. Verlangt wird eine „unverzügliche" Anfechtung, ohne schuldhaftes Zögern. Das bedeutet, dass Sie sehr zeitnah, nachdem Sie Kenntnis von dem Irrtum erfahren haben, den Vertrag anfechten müssen. Im Normalfall ist dieser Zeitpunkt gegeben, wenn Sie die erste Rechnung bekommen. Dann wissen Sie, dass Sie versehentlich einen kostenpflichtigen Vertrag abgeschlossen haben, und müssen umgehend reagieren. Unverzügliches Handeln bedeutet aber nicht sofortiges Handeln. Sie haben durchaus noch die Möglichkeit, sich über die Rechtslage aufklären zu lassen, z.B. durch eine Beratung in der Verbraucherzentrale. Dies sollte zeitnah geschehen, so dass Sie die Anfechtung innerhalb weniger Tage nach Kenntniserlangung über den Irrtum erklären können.

Zusammen mit der Anfechtungserklärung müssen Sie beschreiben, warum Sie sich geirrt haben. In den meisten Fällen liegt eine solche Begründung in dem Umstand, dass Sie nicht erkennen konnten, einen Vertrag bzw. einen kostenpflichtigen Vertrag abzuschließen. Schildern Sie an dieser Stelle bitte genau, warum dieser Irrtum eingetreten ist. Beschreiben Sie, was Sie vor sich gesehen haben, und warum Sie aufgrund dessen nicht davon ausgingen, einen kostenpflichtigen Vertrag abzuschließen.

Als Folge einer Anfechtung wegen Irrtums ergibt sich, dass Sie sich gegenüber der anderen Vertragspartei schadensersatzpflichtig gemacht haben. Dieser Schadensersatz erstreckt sich aber nur auf die unnützen Aufwendungen, die der Gegenseite entstanden sind. Sie müssen nicht deren entgangenen Gewinn ersetzen. Ersatzpflichtig sind lediglich die entstandenen Kosten, wie beispielsweise Porto, Büromaterial, etc. Das Unternehmen kann nicht verlangen, so gestellt zu werden, wie es bei Gültigkeit des Vertrages gestanden hätte. Das schließt es aus, dass die Gegenseite von Ihnen einen entgangenen Gewinn fordern kann, der bei Durchführung des Vertrags entstanden wäre.

Der Anspruch auf Schadensersatz scheidet aus, wenn die Gegenseite ein Mitverschulden trägt. Hat die Gegenseite zumindest fahrlässig dafür gesorgt, dass bei Ihnen ein derartiger Irrtum entstehen musste, kann von einem Mitverschulden ausgegangen werden. Sie sind in diesem Fall zu keinerlei Zahlungen verpflichtet. Fehlt ein deutlicher Hinweis auf einen Vertragsabschluss oder auf die Kostenpflichtigkeit des Vertrags, so liegt ein derartiges Mitverschulden so gut wie immer vor, so dass Sie zu keinen Schadensersatzleistungen verpflichtet sind.

Wichtig ist, dass eine Anfechtung in dem Moment wirksam wird, in dem sie der Gegenseite zugeht. Sobald Ihr Einschreiben, Ihr Fax oder Ihr PDF die gegnerische Seite erreicht hat, ist diese bereits wirksam geworden.

Es spielt keine Rolle, ob die andere Seite die Anfechtung anerkennt oder nicht. Bei einer Anfechtung handelt es sich in juristischer Hinsicht um eine „einseitige Willenserklärung", für deren Wirksamkeit keine Bestätigung durch die Empfängerseite notwendig ist. Sie sind lediglich dazu verpflichtet, den Zugang der Anfechtungserklärung nachweisen zu können. Hierfür dient Ihnen die E-Mail-Empfangsbestätigung, der Rückschein eines Einschreibens oder der Sendebericht des Faxgeräts.

9.4 Anfechtung wegen Täuschung (§123 BGB)

Wurden Sie durch Täuschung in einen Vertrag genötigt, den Sie bei Kenntnis der tatsächlichen Sachlage nie abgeschlossen hätten, so wäre es ein Unding, wenn Sie an diesen Vertrag gebunden wären. Der Gesetzgeber hat daher für solche Fälle die „Anfechtung aufgrund von Täuschung" vorgesehen. Hierzu heißt es in §123 Absatz 1 BGB: *„Wer zur Abgabe einer Willenserklärung durch arglistige Täuschung oder widerrechtlich durch Drohung bestimmt worden ist, kann die Erklärung anfechten."*

Hat Ihnen jemand falsche Tatsachen vorgespiegelt, und dadurch einen Irrtum in Ihnen erweckt, aufgrund dessen Sie den Vertrag abgeschlossen haben, so liegt eine Täuschung vor. Natürlich werden derartige Täuschungen meist aus Gewinnerzielungsabsicht vorgenommen. Das Ziel der Gegenseite liegt darin, Sie in einen Vertrag zu locken, den Sie überhaupt nicht wollen, oder im Extremfall nicht einmal erkennen können.

Schließen Sie einen Vertrag ab, der Ihnen nur kostenlose Leistungen verspricht, sich aber als kostenpflichtig herausstellt, so liegt eine typische Täuschung vor. Wird Ihnen überhaupt nicht deutlich gemacht, dass Sie einen Vertrag abschließen, und befinden Sie sich plötzlich in einem kostenpflichtigen Vertragsverhältnis, so kann eine Täuschung vorliegen.

Die Anfechtung wegen Täuschung kann innerhalb von einem Jahr erklärt werden. Diese Frist beginnt in dem Moment zu laufen, in dem Sie die Täuschung entdeckt haben. Meist ist das der Fall, sobald Sie die erste Rechnung erhalten.

Nachdem die Gegenseite Ihr gut begründetes Anfechtungsschreiben erhalten hat, und Sie diesen Zugang durch das Einschreiben oder den Fax-Sendebericht nachweisen können, entfaltet die Anfechtung wegen Täuschung ihre volle Wirksamkeit: Der Vertrag wird von Anfang an als „nichtig" behandelt, also so, als ob es den Vertrag nie gegeben hätte. Damit hat die Gegenseite keine rechtliche Möglichkeit mehr, gegen Sie vorzugehen. Es gibt keine vertragliche Grundlage, die als Basis für die Geltendmachung von Forderungen dienen könnte.

Der Unterschied zur Anfechtung wegen Irrtums liegt darin, dass Sie bei einer Täuschungsanfechtung keinen Schadensersatz an die Gegenseite bezahlen müssen. Das kommt daher, dass der Gesetzgeber eine Person oder ein Unternehmen, das seine Kunden absichtlich täuscht, nicht auch noch mit einer Schadensersatzzahlung „belohnen" will. Vielmehr sollten Sie eine Prüfung veranlassen, ob sich die Gegenseite nicht sogar wegen Betruges nach §263 des Strafgesetzbuches strafbar gemacht hat.

9.5 Mitverschulden der Gegenseite am Schaden (§254 BGB)

Fordert Sie die Gegenseite zum Ersatz eines Schadens auf, so muss zunächst überprüft werden, ob Sie hierzu verpflichtet sind. In zahlreichen Fällen hat die Gegenseite erheblich dazu beigetragen, dass der Schaden überhaupt entstehen konnte. Hätte durch umsichtiges Handeln ein Teil des Schadens vermieden werden können, so sind Sie nach §254 Absatz 1 BGB nicht zum Ersatz dieses Teilschadens verpflichtet: *„Hat bei der Entstehung des Schadens ein Verschulden des Beschädigten mitgewirkt, so hängt die Verpflichtung zum Ersatz sowie der Umfang des zu leistenden Ersatzes von den Umständen, insbesondere davon ab, inwieweit der Schaden vorwiegend von dem einen oder dem anderen Teil verursacht worden ist."*.

Ein typischer Fall ist dann gegeben, wenn Sie gegen eine Forderung Widerspruch eingelegt und der Gegenseite mitgeteilt haben, dass Sie keine Zahlungen leisten werden. Die andere Seite sollte dann Bescheid wissen, dass die Angelegenheit entweder durch Einsicht und Verzicht auf weitere unberechtigte Zahlungen, eine gütliche Einigung oder direkt vor Gericht zu lösen ist. Ignoriert die Gegenseite Ihren Widerspruch, erlässt eine Mahnung nach der anderen, schaltet womöglich noch ein Inkassobüro inkl. zusätzlicher Gebührenberechnung ein, erlässt einen gerichtlichen Mahnbescheid gegen Sie und beauftragt am Ende eine Inkasso-Rechtsanwaltskanzlei, die erneut eine außergerichtliche Gebühr hinzurechnet, so entsteht durch diese Mahntätigkeit ein Schadensbetrag, der hätte vermieden werden können. Sie sind nicht dazu verpflichtet, diese Mahnkosten zu tragen. Es empfiehlt sich daher, gleich zu Beginn im Widerspruchsschreiben, darauf hinzuweisen, dass weitere Mahntätigkeit aus Kostengründen vermieden werden kann, da Sie Ihren Forderungswiderspruch konsequent aufrecht erhalten.

9.6 Ungültigkeit von überraschenden Regelungen im Vertrag (§305c BGB)

Grundsätzlich muss Ihr Vertragspartner alle wichtigen Details deutlich im Vertrag zum Ausdruck bringen. Sie sollten auf einen Blick erkennen können, welche Leistungen der Vertrag beinhaltet, was diese kosten, und wie die wichtigsten Nebenbedingungen des Vertrags lauten.

So heißt es in §305c Absatz 1 BGB: *„Bestimmungen in Allgemeinen Geschäftsbedingungen, die nach den Umständen, insbesondere nach dem äußeren Erscheinungsbild des Vertrags, so ungewöhnlich sind, dass der Vertragspartner des Verwenders mit ihnen nicht zu rechnen braucht, werden nicht Vertragsbestandteil."*

Es ist Ihrem Vertragspartner nicht gestattet, wichtige Regelungen in den Allgemeinen Geschäftsbedingungen (kurz „AGB", das „Kleingedruckte") zu verstecken. Die AGBs wurden dafür geschaffen, um für den Vertragsabschluss unwichtige Nebendetails zu bestimmen. Dahinter steckt der Gedanke, dass nicht jeder einzelne Vertrag mit einer Vielzahl an Regelungen überfrachtet werden soll und damit Ausmaße von vielen Seiten einnehmen müsste. Das Ziel des Gesetzgebers lag darin, dass im Hauptvertrag lediglich die wichtigsten Vertragsbestimmungen benannt werden. Alle eher unwichtigen Nebenbestimmungen, die aber in jeden Vertrag mit aufgenommen werden müssen, sollten ihren Einzug in die Allgemeinen Geschäftsbedingungen finden.

Der Gesetzgeber ging sogar so weit, dass er dem Vertragsschließenden nicht einmal eine Pflicht zum Lesen der AGBs aufbürdete. Der Verbraucher, der einen Vertrag unterzeichnet, zu dem auch AGBs gehören, kann sich ruhigen Gewissens darauf verlassen, dass in diesen Geschäftsbedingungen keine für den Vertrag wesentlichen Details geregelt werden. Um den Vertragsschließenden zu schützen, hat der Gesetzgeber daher die Regelung des §305c BGB mit in das Gesetzbuch aufgenommen. Finden sich in den AGBs Regelungen, die für den Vertragsschließenden überraschend wären, so werden diese nicht Vertragsbestandteil.

9.7 Inhaltskontrolle in Geschäftsbedingungen (§307 BGB)

Nutzt ein Unternehmen „Allgemeine Geschäftsbedingungen", so darf es darin nicht alles hineinschreiben, was es möchte. Auch bei der Festsetzung von Geschäftsbedingungen muss sich das Unternehmen an Recht und Gesetz halten. Ist ein bestimmter Sachverhalt bereits durch eine gesetzliche Vorschrift normiert, so muss sich das Unternehmen an dieses Gesetz halten, und darf allenfalls minimal und im rechtlich zulässigen Rahmen davon abweichen.

Das wird in § 307 Absatz 1 und 2 Nummer 2 BGB festgeschrieben: *„Bestimmungen in Allgemeinen Geschäftsbedingungen sind unwirksam, wenn sie den Vertragspartner des Verwenders entgegen den Geboten von Treu und Glauben unangemessen benachteiligen. Eine unangemessene Benachteiligung kann sich auch daraus ergeben, dass die Bestimmung nicht klar und verständlich ist. Eine unangemessene Benachteiligung ist im Zweifel anzunehmen, wenn eine Bestimmung mit wesentlichen Grundgedanken der gesetzlichen Regelung, von der abgewichen wird, nicht zu vereinbaren ist (...)"*

Für die Unternehmen der privaten Parkplatzkontrolle bedeutet das, dass sie die Gebühr für das Falschparken nicht unbegrenzt nach oben festlegen dürfen. Ansonsten wäre dem keine Grenze gesetzt, es wären Vertragsstrafen von 100, 200 oder 500 Euro möglich. Einem solchen Verhalten wollte der Gesetzgeber entgegenwirken und hat daher die Begrenzungsklausel des §307 BGB eingeführt.

Konkret bedeutet das, dass eine Vertragsstrafe für privates Falschparken nicht übermäßig von der Gebühr abweichen darf, die ein Strafzettel für Falschparken im öffentlichen Straßenraum kosten würde. In den meisten Städten muss für einen Strafzettel aufgrund Falschparkens ca. fünf bis zehn Euro bezahlt werden, so dass die Strafe für Falschparken auf einem privaten Parkplatz maximal zehn bis 20 Euro betragen darf.

9.8 Einwendungen bei Forderungsverkauf (§404 BGB)

Verkauft der ursprüngliche Gläubiger eine Forderung an einen neuen Gläubiger, so dürfen Ihnen als vermeintlichem Schuldner keine Nachteile durch diese Abtretung entstehen. Sie müssen die Möglichkeit besitzen, rechtliche Einwendungen gegen den ursprünglichen Gläubiger auch gegen den neuen Gläubiger geltend machen zu können.

Dieses Recht sichert Ihnen §404 BGB zu: *„Der Schuldner kann dem neuen Gläubiger die Einwendungen entgegensetzen, die zur Zeit der Abtretung der Forderung gegen den bisherigen Gläubiger begründet waren."*

Eine Forderungsabtretung kann dann vorliegen, wenn der Parkplatzbetreiber seine Forderung an ein Inkassounternehmen verkauft hat. Damit macht das Inkassobüro die Forderung in eigenem Namen und für eigene Rechnung geltend. Zahlungen gehen nicht an den Parkplatzpächter, sondern nur noch an das Inkassobüro.

9.10 Gewohnheitsrecht (§242 BGB)

Immer dann, wenn zwei Parteien durch einen gegenseitigen Vertrag miteinander verbunden sind, entstehen durch diesen Vertrag Rechte und Pflichten. Dabei muss sich jede Partei vor Augen halten, dass sie nicht tun und lassen kann was sie will, sondern dass sie Rücksicht auf die andere Partei nehmen muss. Jede Person bzw. jedes Unternehmen hat gewisse Vorstellungen davon, wie eine Schuld oder eine Pflicht zu erfüllen ist, und erwartet, dass die Gegenseite diese auch so erfüllt. Sie rechnet nicht damit, dass sich die Gegenseite plötzlich und unerwartet vollkommen anders verhält. Das muss die jeweilige Gegenseite berücksichtigen, und ihr Verhalten im Rahmen des Vertrags so anpassen, dass die Erwartungen und Vorstellungen der anderen Seite eingehalten werden.

Dieser Grundgedanke des deutschen Rechtssystems ist in §242 BGB festgehalten, wo es heißt: *„Der Schuldner ist verpflichtet, die Leistung so zu bewirken, wie Treu und Glauben mit Rücksicht auf die Verkehrssitte es erfordern."* Damit legt das deutsche Recht eine gegenseitige Schutz- und Rücksichtnahmefunktion innerhalb eines Vertrags fest, welche einzuhalten ist. Man könnte diesen Grundsatz als eine Art Fairnessgebot verstehen, also eine Aufforderung an jede Vertragspartei, sich gegenüber der anderen fair und rücksichtsvoll zu verhalten, und keine Maßnahmen zu ergreifen, die für die andere Seite unerwartet ist, nicht nachvollziehbar erscheint, oder dieser Schaden zufügt.

Parken Sie auf einem Privatparkplatz vor einem Supermarkt und sehen, dass auf diesem Parkplatz die Pflicht besteht, eine Parkscheibe zu verwenden, so gehen Sie davon aus, dass Sie diese Parkzeit voll ausnutzen dürfen, und dass ein Überschreiten von nur wenigen Minuten nicht gleich zu einer Strafe führt. Sie wissen, dass z.B. im öffentlichen Parkraum eine gewisse Kulanz herrscht, dass die Politesse beispielsweise bei nur wenigen Minuten des Überschreitens der Parkzeit nicht sofort einen Strafzettel ausstellt. Daher gehen Sie davon aus, dass auf einem privaten Supermarktplatz ähnliche Regelungen herrschen.

Gerade weil es sich um den Parkplatz vor einem Supermarkt handelt, denken Sie berechtigterweise, dass hier die Überschreitung der Parkzeit besonders kulant gehandhabt wird. Sie dürfen nach dem Grundsatz des §242 BGB davon ausgehen, dass Sie bei einer Überschreitung von beispielsweise nur zehn Minuten nicht sofort eine Vertragsstrafe zahlen müssen. Die Regelung der Parkscheibennutzung ist vor allem dafür gedacht, stundenlanges Langzeitparken zu verhindern. Es geht nicht darum, ein Überschreiten von nur wenigen Minuten zu ahnden.

Verhält sich der Kontrolleur der privaten Parkplatzkontrolle nun aber gegenteilig und stellt Ihnen nach kürzester Überschreitung der Parkzeit sofort eine Strafe aus, so verstößt er gegen den Grundsatz von §242 BGB und verhält sich damit rechtswidrig. Es wird in einem solchen Fall nicht berücksichtigt, dass Sie als Kunde zu Recht von einer gewissen zeitlichen Kulanzspanne ausgehen können.